YA[illegible] İÇİN PRATİK TÜRKÇE KONUŞMA KILAVUZU

A PRACTICAL GUIDE TO SPOKEN TURKISH FOR FOREIGN TRAVELLERS

GÜVEN

A PRACTICAL GUIDE TO SPOKEN TURKISH FOR FOREIGN TRAVELLERS

Written by
Mehmet AKTAR

Edited by
Ertan ARDANANCI

Illustrated by
Yüksel AKMAN

Designed by
Palmiye Grafik

Typeset by
Sevil Demirkıran

Printed by
Melisa Printing House

Printed in
İSTANBUL 2007

ISBN: 9944-206-15-0

GÜVEN KİTAP YAYIN DAĞITIM LTD. ŞTİ. Press, 2007

Merkez: Kocasinan Merkez Mahallesi Şendurak Üç Evler Cad. No: 35 Bahçelievler - İSTANBUL
Tel: 0212. 551 62 31 - 551 58 89 - 552 06 90 Fax: 0212. 451 89 23

Şube: Ankara Cad. Valilik Karşısı No: 35 Cağaloğlu - İSTANBUL
Tel: 0212. 526 44 68 - 512 12 70 - 514 06 20 Fax: 0212. 519 05 02

Preface

This guide has been prepared to help foreign travellers to speak Turkish easily and communicate with Turkish people.

The guide contains daily situations in which foreigners possibly need to speak Turkish. Since it is not possible every time to meet a person who speaks English in Turkey, you will definitely need this kind of book.

In the guide, special expressions and words are given in both English and Turkish languages.

When you speak Turkish, it is necessary that you pay attention to some pronunciation rules given in the following list to make yourself more clear. Additionally, you can benefit from the given pronunciation lines under the Turkish sentences and expressions. In spite of the fact that English and Turkish do not have the same pronunciation system, the given cues will help you be understandable.

Pronunciation Cues

Turkish Letter		Similar English Pronunciation
A / a	[a], [ut]	father, hut, bus
B / b	[b]	baby
C / c	[j], [dg]	jam, badge
Ç / ç	[ch]	chew
D / d	[d]	dark
E / e	[e]	set
F / f	[f]	father
G / g	[g]	gun
Ğ / ğ	[gh]	through
H / h	[h]	hot
I / ı	[e], [y], [io]	seven, dyn, hymn, tion
İ / i	[i], [ee], [y]	milk, seed, milky
J / j	[su]	measurement
K / k	[k], [ck]	key, back
L / l	[l]	lamp
M / m	[m]	mother
N / n	[n]	nine
O / o	[o], [our]	old, your
Ö / ö	[u]	turn, fur
P / p	[p]	pin
R / r	[r]	rug
S / s	[s]	sea
Ş / ş	[sh]	she
T / t	[t]	tea
U / u	[oo]	foot, room
Ü / ü	[ew]	lewd
V / v	[v]	vest
Y / y	[y]	yesterday
Z / z	[z]	zinc

Examples for Turkish Syllable System

A syllabus is a part of a word that contains a single vowel-sound and that is pronounced as a unit.

Examples:

elma	el-ma	*elmah*	**apple**
okul	o-kul	*okhul*	**school**
geliyor	ge-li--yor	*gheleeyour*	**He is coming**
kitap	ki-tap	*keetop*	**book**
isim	i-sim	*eeseem*	**name**
müşteri	müş-te-ri	*mewshtary*	**customer**
fiyat	fi-yat	*feeyhat*	**price**
para	pa-ra	*parah*	**money**
otobüs	o-to-büs	*otobews*	**bus**
hanımefendi	ha-nım-e-fen-di	*hanımefandy*	**lady**
pahalı	pa-ha-lı	*pahali*	**expensive**
cumartesi	cu-mar-te-si	*jyumartesy*	**Saturday**
haziran	ha-zi-ran	*hazeerun*	**June**
istasyon	is-tas-yon	*eestasyown*	**station**
İngiltere	İn-gil-te-re	*Enghiltareh*	**England**
İngilizce	İn-gi-liz-ce	*Engheeleezjah*	**English**
Türkçe	Türk-çe	*Turkcheh*	**Turkish**
meslek	mes-lek	*masleck*	**job**

CONTENTS

1. GENERAL SITUATIONS (Genel Konular)

- **Addressing Someone** - Hitap
- **Greeting Someone** - Selamlaşma
- **Leaving** - Ayrılma
- **Introducing Someone** - Tanışma, Tanıştırma
- **Expressing Thanks** - Teşekkür Etme
- **Expressing Requests and Permission** - Rica ve İzin
- **Apologizing** - Özür Dileme
- **Accepting a Suggestion** - Teklifi Kabul Etme
- **Refusing a Suggestion** - Reddetme
- **Expressing Good Wishes** - İyi Dilekte Bulunma
- **Asking Permission** - İzin İsteme
- **Speaking a Language** - Dil Bilme
- **Asking and Telling Nationality** - Uyruk Sorma/Söyleme
- **Asking and Giving Directions** - Yol Sorma/Söyleme
- **Taking about Weather** - Hava Hakkında Konuşma
- **Asking and Telling Price** - Fiyat Sorma/Söyleme
- **Asking and Giving Personal Data** - Kişisel Bilgi Verme
- **Asking and Telling Time** - Saati Sorma/Söyleme

ADDRESSING SOMEONE

Mr ...	**Mrs ...**	**Miss ...**
Bay ...	Bayan ...	Bayan ...
Bayh	*Bayhan*	*Bayhan*

Mr Senay	**Mrs Senay**	**Miss Tuna**
Bay Senay	Bayan Senay	Bayan Tuna
Senay Bey	**Senay Hanım**	**Tuna Hanım**
... Bay	*... Hanym*	*... Hanym*

Note: "Bay" ve "Bayan" titles are used before names or surnames. "Bey" and "Hanım" titles are used after names or surnames.

"Efendim" is a polite expression which is generally used to address a man. "Hanımefendi" is a polite expression which is generally used to address a woman.

Yes, sir.
Evet, efendim.
Avet, afhendeem.

Yes, madam.
Evet, hanımefendi.
Avet, hanymefandy.

Here you are, sir.
Buyurun, efendim.
Byuroon, afhendeem.

Here you are, madam.
Buyurun, hanımefendi.
Byuroon, hanymafhendy,

GREETING SOMEONE

Hello.
Merhaba.
Marhabah.

Good morning.
Günaydın.
Gewnaydyn.

Hi!
Merhaba!
Marhabah.

Greetings!
Selam(lar).
Sahlam(larh).

Good afternoon.
Tünaydın.
Tewnaydyn.

Good evening.
İyi akşamlar.
Eyee ackshumlarh.

Good night, everybody
Herkese iyi geceler.
Herkhesah eyee gajelerh.

How are you?

Nasılsınız?

Nasylsyniece?

Very well, thank you.

Çok iyiyim, teşekkür ederim.

Choke eyeeyeem, tashekkyur adereem.

İyiyim, teşekkürler.

Fine, thanks.

İyiyim, teşekkürler.

Eyeeyeem, tashekkyurlarh.

Not too well, I'm afraid.

Maalesef iyi değilim.

Mahalasef eyee dagheeleem.

Terrible.

Berbat.

Berhbath.

So so.

İdare eder.

Edarah aderh.

And you?

Ya siz?

Yah, seize?

What about you?

Ya siz?

Yah, seize?

How is your son (daughter, ...)?

Oğlunuz (kızınız, ...) nasıl?

Oghlyunews (kızhınızh,...) nahsel?

He's (she's) fine, thank you.

İyi, teşekkür ederim.

Eyee, tashekkyur adereem.

LEAVING

Goodbye.
Allahaısmarladık. / Hoşçakal.
Allahaismarhlahdek. / Hoshchakhal.

Goodbye.
Güle güle.
Gewlah gewlah.

Not: Allahaısmarladık" or "Hoşçakal" have the save meaning and they can be used as equivalents of "Goodbye" or "Bye - bye" "Allahaısmarladık" is used when a person leaves. The other person says "Güle güle" to the person leaving.

Take care of yourself.
Kendine iyi bak.
Kendeena eyee buck.

"Kendine iyi bak" is an expression which is usually used among sincere friends; it means "Take care of yourself".

So long.
Hoşçakal.
Hoshchakhal.

See you
Görüşürüz
Gurhewshyuruose.

See you later.
Sonra görüşürüz.
Sonhrah gurhewshyurouse.

See you soon.
Yakında görüşürüz.
Yackendah gurhewshyurouse.

See you tonight.
Bu gece görüşürüz.
Booh gaceh gurhewshyurouse.

See you tomorrow.
Yarın görüşürüz.
Yarhen gurhewshyurouse.

See you on Monday (on Tuesday, ...).
Pazartesi (salı, ...) görüşürüz.
Pahzarhtasy (salheh,...) gurhewshyurouse.

Fine. (O.K.)
Tamam. / Peki.
Tamom. / Packy

All right. (That's right.)
Olur./Pekala.
Olhyure / Packalah.

Have a nice day.
İyi günler.
Eyee gewnlar.

Have a nice weekend.
İyi hafta sonları.
Eyee haphtah sonhlarhih.

You, too.
Size de.
Seizeah dah.

INTRODUCING SOMEONE

The following expressions can be used to introduce two people to each other.

This is Mr *Green*. This is Mr *Newton*.
Bu Bay *Green*. Bu Bay *Newton*.
Booh Bayh Green. Booh Bayh Green.

May I introduce you to Mr *Green*? This is Mr *Newton*.
Sizi Bay *Green* ile tanıştırabilir miyim? Bu Bay *Newton*.
Seizy Bayh Green elah taaneshteerahbeeleer meeyeem. Booh Bayh Newton.

I'd like you to meet Mrs *Green*. This is Mr *Newton*.
Bayan *Green* ile tanışmanızı istiyorum. Bu Bay *Newton*.
Bayhan Green elah taaneshmaheneezeh eestheeyouroom.

When two people are introduced to each other, they use the following expressions.

"Nasılsınız?" "Tanıştığımıza memnun oldum."
"Nahselseneice" "Taaneshteeghemheezah mamnoon olhdoom."

How do you do?
Memnun oldum. / Nasılsınız?
Mamnoon olhdyum. / Nahselseneice?

How do you do?
Ben de memnun oldum.
Ben dah mamnoon olhdoom.

Pleased to meet you.
Tanıştığımıza memnun oldum.
Taaneshteeghemeezah mamnoon olhdoom.

Nice to meet you, too.
Ben de tanıştığımıza memnun oldum.
Ben dah taaneshteeghemeezah mamnoon olhdoom.

You may introduce yourself with the following expressions:

May I introduce myself? My name is Yalçın Yoleri.
Kendimi takdim edebilir miyim? Adım Yalçın Yoleri.
Kenhdeemee tackdeem edabyileer meeyeem? Adym...

How do you do? My name is Sema Keser.
Memnun oldum. Benim adım Sema Keser.
Mamnoon olhdyum. Beneem adym...

Hi! I am James Brown. What's your name?
Merhaba. Benim adım James Brown. Sizin adınız nedir?
Marhabah. Beneem adym... Seizeen adyneeze nadeer?

Hi! My name's Ali Günay.
Merhaba. Benim adım Ali Günay.
Marhabah. Beneem adym...

EXPRESSING THANKS

Thank you.

Teşekkür ederim.

Tashekkyur adereem.

Thank you very much. / Thank you so much.

Çok teşekkür ederim.

Choke tashekkyur adereem.

The following expressions can be used in informal situations.

Thanks.

Teşekkürler. / Sağ ol.

Tashekkyurlarh. / Sagh olh.

Many thanks.

Çok teşekkürler.

Choke tashekkyurlarh.

Thanks a lot.
Çok sağ ol.
Choke sagh olh.

Thank you ten thousand times.
Binlerce defa teşekkürler.
Binlarhjeh daphah tashekkyurlarh.

The word "için" can be used as the equivalent of "for" to state your purpose in your expression

Thank you for your help.
Yardımınız için teşekkür ederim.
Yarhdymıneiz icheen tashekkyur adereem.

Thanks for everything.
Her şey için teşekkürler.
Her sheiy icheen tashekkyurlarh.

The following expressions can be used as a response to someone who expresses his or her thanks to you.

Not at all. (İngiliz İngilizcesi)
Bir şey değil.
Bir shey deghil.

Don't mention it.
Estağfurullah./Lafı mı olur?
Estaghphuroollah / Laphy me olhur?

That's okay.
Tamam.
Tamom.

You're welcome.
Bir şey değil.
Bir shey deghil.

EXPRESSING REQUESTS AND PERMISSION

Making Requests:

There are different ways of expressing request, which change according to the level of formality in a situation.

The word "lütfen" makes a request or an order more polite.

Please sit down.
Lütfen oturun.
Lewtfan othyuroon.

Sit down, please.
Oturun, lütfen.
Othyuroon, lewtfan.

The following expressions are more polite and they can be used in formal situations.

Would you fill in this form, please?
Bu formu doldurur muydunuz, lütfen?
Booh formooh doldooroor mooydoonooze, lewtfan?

Could you fill in this form, please?
Bu formu doldurur musunuz, lütfen?
Booh formuh doldooroor moosoonooze, lewtfan?

Will you fill in this form, please?
Bu formu doldurur musunuz, lütfen?
Booh formooh doldooroor moosoonooze, lewtfan?

Be quiet, will you?
Sessiz olun, tamam mı?
Sasseez olhyun, tamom meh?

Can you pass the sugar, please?
Şekeri uzatabilir misin, lütfen?
Shekery oozathabeelyr meesin, lewtfan?

The following structures can also be used to express requests.

I want ... .
... istiyorum.
... eesteayouroom.

I'd like ... .
... rica edecektim.
reedga adejackteem.

I want a bottle of red wine.
Bir şişe kırmızı şarap istiyorum.
Bir sheeshe kyrmeezee sharap eesteayouroom.

I want a table for three.
Üç kişilik bir masa istiyorum.
Ewch keesheeleek bir masah eesteayoroom.

I'd like some chips.
Patates kızartması istiyordum.
Pathatese kyzartmahsy eesteayordoom.

I'd like *a glass of beer.*

Bir bardak bira rica edecektim.

Bir barduck beerah reedga adejackteem.

The following expressions can be used to ask permission.

Asking Permission:

Could I *use the phone?*

Telefonu kullanabilir miydim?

Telephonou kyullanahbeeleer mee yeem?

Can I *borrow your umbrella?*

Şemsiyeni ödünç alabilir miyim?

Shamseeyeny ewdewnch alahbeeleer mee yeem?

May I *come in?*

İçeri girebilir miyim?

Eechery geerebeeleer meeyeem?

The following responses can be used as an answer.

OK.

Tamam.

Tamom.

Certainly.

Elbette.

Elbettah.

Yes, of course.

Evet, tabii.

Avet, tabee.

I'm sorry, I can't.

Maalesef olmaz.

Maalhaseph olmaaze.

APOLOGIZING

If you do not understand what someone says, you may ask him or her to repeat his word(s) with "Afedersiniz", "Pardon", "Ne dediniz".

I beg your pardon. Could you repeat it?
Affedersiniz, anlayamadım. Tekrar edebilir miydiniz?
Aaffehdareseaniece anlahyamahdym. Tackrar edebeeleer-meeydee niece?

Pardon? I couldn't understand it.
Nasıl (dediniz)? Anlayamadım.
Nasyl (dadeeniece)? / Anlahyamahdym.

Sorry? I couldn't hear you.
Nasıl (dediniz)? Sizi duyamadım.
Nasyl (dadeeniece)? / Seezy dyumahdym.

What? / What did you say?
Nasıl (dediniz)? / Ne dediniz?
Nasyl (dadeeniece)? / Neh dadeeniece?

If you are late or if you disturb someone, you may use the following expressions.

Sorry.
Affedersiniz.
Aaffehdareseaniece.

I'm sorry I'm late.
Geç kaldığım için özür dilerim.
Gach kaldeegheem eacheen ewzhewr deelareem.

I'm very sorry.
Çok özür dilerim.
Choke ewzhewr deelareem.

I'm sorry to interrupt you.
Sözünüzü kestiğim için özür dilerim.
Sewzewnewzewh kesteagheem eacheen ewzhewr deelareem.

Sorry to trouble you.
Rahatsız ettiğim için özür dilerim.
Rahaatseeze etteagheem echeen ewzhewr deelareem.

You may use the following expressions as a response to someone who apologizes to you.

That's all right.
Önemli değil.
Ewnamlee degheel.

It's all right.
Önemli değil.
Ewnamlee degheel.

No problem.
Sorun değil.
Souroon degheel.

Never mind.
Boş ver.
Bosh var.

* * *

More examples about apologizing:

Sorry to bother you just now.
Sizi şimdi zahmete soktuğum için özür dilerim.
Seezy sheemdee zahmatheh soaktooghoom echeen ewzhewr deelareem.

That's quite all right.
Hiç önemli değil.
Heech ewnamlee degheel.

Sorry to have kept you waiting.
Beklettiğim için özür dilerim.
Backlatteegheem echeen ewzhewr deelareem.

It doesn't matter.
Önemi yok. / Önemli değil.
Ewnamee yoke. / Ewnamlee degheel.

I hope I'm not disturbing you.
Umarım sizi rahatsız etmiyorum.
Umarym seezy rahaatseeze atmeeyouroom.

No, not at all.
Hayır, rica ederim.
Higher, reedgah adereem.

I apologize to you for making a noise.
Sizden gürültü yaptığım için özür dilerim.
Seizethan gewrewltewh yaptyheem echeen ewzhewr deelareem.

ACCEPTING A SUGGESTION

Examples for suggestions:

Let's go to the cinema.
Haydi sinemaya gidelim.
Hidee cinemayah gheedaleem.

Shall we go to the cinema?
Sinemaya gidelim mi?
Cinemayah gheedaleem mee?

Possible responses:

Yes.
Evet.
Avet.

All right.
Tamam.
Tamom.

OK.
Olur.
Olhyur.

Fine.
İyi.
Eeyee.

Good.
İyi.
Eeyee.

With pleasure.
Memnuniyetle.
Mamnyuneeyetlah.

Of course.
Elbette.
Elbetteh.

Why not?
Neden olmasın?
Nedan owlmahsyn?

REFUSING A SUGGESTION

Examples for suggestions:

Why don't we go to the cinéma?
Neden sinemaya gitmiyoruz?
Nedan cinemayah gheetmeeyourooze?

Let's go now.
Haydi şimdi gidelim.
Hidee shimdee gheedaleem.

Why don't you play tennis?
Neden tenis oynamıyorsun?
Nedan tennis oynahmyyoursoon?

Possible responses:

No.
Hayır.
Higher.

No.
Olmaz.
Owlmaaze.

I'm sorry, but I'm busy today.
Özür dilerim ama bugün meşgulüm.
Ewzhewr deelareem amah booghewn mashgyuloom.

That's a good idea, but I feel ill today.
İyi bir fikir, fakat kendimi bugün hasta hissediyorum.
Eyee bir feekir, fuckat kendeemee booghewn hastah heessadeeyouroom.

No, thank you.
Teşekkür ederim, istemem.
Tashekkyur adereem, eesetamam.

EXPRESSING GOOD WISHES

A. Having a good time:

Have a good time.
İyi eğlenceler.
Eyee eghlanjalarh.

Have a nice time.
İyi eğlenceler.
Eyee eghlanjalarh.

Enjoy yourself.
İyi eğlenceler.
Eyee eghlanjalarh.

Have a good holiday.
İyi tatiller.
Eyee tateellarh.

B. Sending greetings:

Please remember me to *Mary*.
Lütfen *Mary*'ye benden selam söyleyin.
Lewtfan Mary'yeh benthan sahlam sewylayeen.

Give my regards to *Mary*.
Mary'ye saygılarımı iletin.
Mary'yeh sighgylarhymeeh elateen.

Give my love to *Mary*.
Mary'ye sevgilerimi iletin.
Mary'yeh sevgheelareeme elaten.

C. Congratulating:

Congratulations.
Tebrikler..
Tabreeklarh.

I congratulate you on your success.
Sizi başarınızdan dolayı kutlarım.
Seezy basharynyzthan doloyhy cootlarhym.

Well done. / Good for you.
Aferin.
Aphereen.

D. Wishing good luck:

Good luck. / Have a good luck.
İyi şanslar.
Eyee shanslarh.

Best of luck.
Bol şanslar.
Bol shanslarh.

ASKING PERMISSION

Both **"May I..."** and **"Can I..."** structures are translated into Turkish with the same structures although they are different from each other in English in respect to their formality. The former is more polite than the latter.

May I leave my luggage here?

Bagajımı buraya bırakabilir miyim?

Bagajymeh boorayha beerackabeeleer meyeem?

May I ask you something?

Size bir şey sorabilir miyim?

Siezah bir shey sourabeeleer meyeem?

May I sit here?

Buraya oturabilir miyim?

Boorahyah otyurabeeleer meyeem?

Can I open the window?

Pencereyi açabilir miyim?

Panjareyee achahbeeleer meyeem?

Can I come in?

İçeri girebilir miyim?

Echery gheerabeeleer meyeem?

Do you mind if I ...? and **Would you mind if I ...?** are formal expressions that are used to ask permission. In Turkish, they are used with the following structure: "...... sakınca / sakıncası var mı?"

Do you mind if I smoke?
Sigara içmemde bir sakınca var mı?
Seegharah eachmamdah bir suckynjah varh meh?

Do you mind if I turn on the radio?
Radyoyu açmamda bir sakınca var mı?
Radyoyou achmomdah bir suckynjah varh meh?

Would you mind if I closed the window?
Pencereyi kapamamda bir sakınca var mı?
Panjareyee cupamamdah bir suckynjah varh meh?

Would you mind if I turned off the radio?
Radyoyu kapatmamda bir sakınca var mı?
Radyoyou cupamamdah bir suckynjah varh meh?

Do you mind (verb + ing) ...? and **Would you mind (verb + ing) ...?** are used when you ask someone to do something for you.

Do you mind closing the window?
Pencereyi kapatmanızın bir sakıncası var mı?
Panjareyee cupatmanyzeen bir suckynjahsy varh meh?

Would you mind opening the door?
Kapıyı açmanızın bir sakıncası var mı?
Cupeeyee achmahnyzeen bir suckynjahsy varh meh?

SPEAKING A LANGUAGE

Do you speak *English*?
İngilizce biliyor musunuz?
Engheeleezjah beeleeyour moosoonooze?

Yes, I do.
Evet, biliyorum.
Avet, beeleeyouroom.

No, I don't.
Hayır, bilmiyorum.
Higher, beelmeeyouroom.

* * *

I know a little *English*.
Biraz *İngilizce* biliyorum.
Beerazh Engheeleezjah beeleeyouroom.

I can understand *English* but I can't speak it.
İngilizce anlıyorum ama konuşamıyorum.
Engheeleezjah unleeyouroom amah coneyoushumeeyouroom.

Some structures that can be used to communicate:

Do you understand me?
Beni anlıyor musunuz?
Benee unleeyour moosoonooze?

I understand.
Anlıyorum.
Unleeyouroom.

I don't understand.
Anlamıyorum.
Unlahmyyouroom.

* * *

Please speak slowly.
Lütfen yavaş konuşun.
Lewtfan yawash coneyushoone.

Would you speak slowly, please?
Lütfen yavaş konuşur musunuz?
Lewtfan yawash coneyoushoore moosoonooze?

Please repeat it. I didn't understand.
Lütfen tekrarlayın. Anlamadım.
Lewtfan tackrarlieyeen. Unlahmadym.

Please write it down?
Lütfen yazar mısınız?
Lewtfan yahzarh meeseeneeze?

* * *

How do you spell it?
Nasıl yazılıyor?
Nasyl yahzyleeyour?

What does it mean?
Ne demek? (Ne anlama geliyor?)
Nah damack?

It means "price".
"Fiyat" anlamına geliyor.
"Pheeyacht" unlamyhnah ghaleeyour.

ASKING AND TELLING NATIONALITY

"Hangi millettensiniz?" is the same as "What nationality are you?"

"Hanghee millaththenseeneeze" is the same as "What nationality are you?"

What nationality are you?

Sizin uyruğunuz (milliyetiniz) ne?

Seizeen ooyrooghoonooze (millattheeneeze) nah?

I am *Turkish.*

Türküm.

Tewrkewm.

What nationality is he?

Onun uyruğu ne?

Ounoon ooyrooghoo nah?

He's *English.*

O, İngiliz.

O, Engheeleeze.

What nationality are they?

Onların uyruğu ne?

Ownlarhyn ooyrooghoo nah?

They're *American.*

Onlar *Amerikalı.*

Ownlarh Amareekahlee.

Asking one's country of origin:

Where are you from?
Nerelisiniz?
Narehleeseeniece?

What country are you from?
Hangi ülkedensin?
Hanghee ewlkahthanseeneeze?

I'm from *England*.
İngilizim. (İngiltere'denim.)
Engheeleezeem (Enghiltareh'thaneem).

Where is she from?
O, nereli?
O, narehlee?

What country is she from?
O, nereli?
O, narehlee?

She's from *Germany*.
O, *Alman.*
O, Alman.

She's from *France*.
O, *Fransızdır.*
O, Fransiezedeer.

Where do you come from?
Nerelisiniz?
Narehleeseeneeze?

I come from *England*.
İngilizim.
Engheeleezeem.

Where do they come from?
Onlar nereli?
Ownlarh narehlee?

They come from *France*.
Onlar *Fransız.*
Ownlarh Fransieze.

ASKING AND GIVING DIRECTIONS

1. Asking Directions:

a. "Nerede" is a question word which is used to ask the place of a thing in Turkish. It is the same as "Where".

Where is the station?
İstasyon nerede?
Eestasyawn narehdah?

Where is the post office?
Postane nerede?
Postahnah narehdah?

Where are the toilets?
Tuvalet(ler) nerede?
Toovahlet(larh) narehdah?

Where are the shops?
Dükkânlar nerede?
Dewkkanlarh narehdah?

b. Where is the nearest ...?: En yakın ... nerede?

Where is the nearest petrol station?
En yakın benzinci nerede?
An yackyn benzynjee narehdah?

Where is the nearest post office?
En yakın postane nerede?
An yackyn postahnah narehdah?

c. Can/could you tell me where ...?: ... nerede olduğunu söyler misiniz?
... narehdah owldooghoonoo sewylarhmeeseeniece?

Can you tell me where Atatürk Street is?
Atatürk Caddesinin nerede olduğunu söyler misiniz?
Ataturk Jaddahseeneen narehdah owldooghoonoo sewylarmeeseeniece?

Could you tell me where the toilet is?
Tuvaletin nerede olduğunu söyler misiniz?
Toovaletyn narehdah owldooghoonoo sewylarmeeseeniece?

d. Can/could you tell me the way to ...?: ... -e nasıl gidildiğini söyler misiniz? / ... giden yolu söyler misiniz?
... a nasyl gheedeeldeegheeny sewylarmeeseeniece?

Can you tell me the way to the castle?
Kaleye nasıl gidildiğini söyler misiniz?
Kaleyhe nasyl gheedeeldeegheeny sewylarmeeseeniece?

Could you tell me the way to the station?
İstasyona nasıl gidildiğini söyler misiniz?
Eestasyawnah nasyl gheedeeldeegheeny sewylarmeeseeniece?

e. Can/could you tell me how to get to ...?: ... -e nasıl gidildiğini söyler misiniz?
... -a nasyl gheedeeldeegheeny sewylarmeeseeniece?

Can you tell me how to get downtown?
Şehir merkezine nasıl gidildiğini söyler misiniz?
Shaheer markezeenah nasyl gheedeeldeegheeny sewylarmeeseeniece?

Can you tell me how to get to the motorway?
Otoyola nasıl gidildiğini söyler misiniz?
Autoyowlah nasyl gheedeeldeegheenee sewylarmeeseeniece?

f. Is there a ... near here?: Buralarda bir yerde ... var mı?
Boorahlardah bir yardah ...... varh meh?

Is there a bank near here?
Buralarda bir yerde banka var mı?
Boorahlardah bir yardah bankah varh meh?

Is there a service station near here?
Buralarda bir yerde servis istasyonu var mı?
Boorahlardah bir yardah sarvice eestasyawnoo varh meh?

g. More examples to ask directions.

Which way is *the coast?*
Sahil ne tarafta?
Saheel nah taraftah?

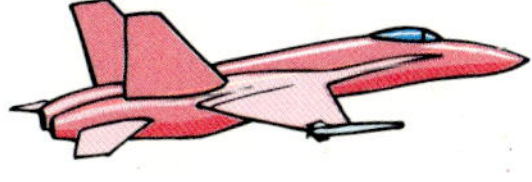

How do I get to *this address?*/How can I get to *this address?*
Bu adrese nasıl gidebilirim?
Boo adressah nasyl gheedabeeleereem?

I would like to go to *the airport.*
Havaalanına gitmek istiyorum.
Havahalanhynah gheetmack eesteeyouroom.

Is that the right way to *the coast?*
Sahile bu yol mu gidiyor?
Saheelah boo yole mooh gheedeeyour?

Where does this road go to?
Bu yol nereye çıkıyor?
Boo yole nareyah chykyyour?

2. Giving Directions:

Go straight ahead.
Dümdüz gidin.
Dewmdewze gheedeen.

Turn left.
Sola dönün.
Soleah durnewn.

Turn right.
Sağa dönün.
Saghah durnewn.

First right, second left.
İlkin sağa, sonra sola gidin.
Eelkeen saghah, sonerah soleah durnewn.

Cross the street.
Caddeden karşıya geçin.
Jaddadan carshiyah gacheen.

Cross the bridge.
Köprüden geçin.
Curprewdan gacheen.

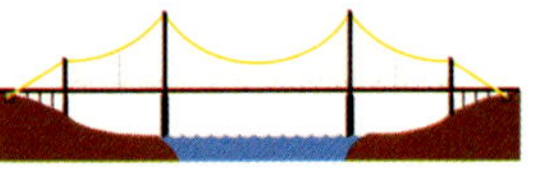

Take the first (second, third) on the left.
Soldan birinci (ikinci, üçüncü) yola sapın.
Soledun beereenjee (eekeenjee, ewchewnjew) yoleah sapyn.

Take the first (second, third) on the right.
Sağdan birinci (ikinci, üçüncü) yola sapın.
Saghdan beereenjee (eekeenjee, ewchewnjew) yoleah sapyn.

Turn left (right) at the traffic lights.
Trafik ışıklarından sola (sağa) sapın.
Traffic ishyklarhyndun soleah (saghah) sapyn.

More examples to state location.

It's over there.
Şu tarafta.
Shoe tarufftah.

It's at the corner.
Köşede.
Kewshadah.

It's at the junction (cross-roads).
Kavşakta.
Cowshacktah.

It's opposite *the station.*
İstasyonun karşısında.
Eestasyawnoon carshysyndah.

It's next to *the station.*
İstasyonun bitişiğinde.
Eestasyawnoon beeteesheegheedah.

Expressing distance:

Is it far?
Uzak mı?
Oozuck meh?

Yes, it's a long way.
Evet, uzak.
Avet, oozack.

No, it isn't far.
Hayır, uzak değil.
Higher, oozack degheel.

* * *

Is it too far to walk?
Yürüyerek gidilebilir mi?/Yürülemeyecek kadar uzak mı?
Yewriouyarack gheedeelebeeleer meh? / Yewrioulameeya-jack kadhar oozack meh?

Can one walk there?
Yürüyerek gidilebilir mi?
Yewriouyarack gheedeelabeeleer meh?

You can walk there.
Oraya yürüyerek gidebilirsiniz.
Orahyah yewriouyarack gheedabeeleerseeniece.

You can walk it in under five minutes.
Yürüyerek beş dakika sürmez.
Yewriouyarack bash duckeekah sewrmaz.

It's far, you can't walk there.
Uzak, yürüyerek gidemezsiniz.
Oozack, yewriouyarack ghedahmazeseaniece.

It's too far to walk there.
Yürüyerek gidilmez.
Yewriouyarack gheedeelmaz.

* * *

Is there a bus that goes there?
Oraya otobüs var mı?
Orahyah autobews varh meh?

Should I take a bus?
Otobüse binmem gerekir mi?
Autobewsah binmam gherakeer me?

You have to take a bus (train, ...)
Otobüse (trene, ...) binmeniz gerek.
Autobewsah (tranah,.....) binmaneeze garack.

Take a 54 at that bus stop.
Şu otobüs durağından 54 numaraya binin.
Shoe autobews dyuraghyndan ellih dirt nyumarahyah bineen.

You have to take a taxi.
Taksi tutmanız gerek.
Taxi tootmanyz garack.

TALKING ABOUT WEATHER

What's the weather like?
Hava nasıl?
Havah nasyl?

What's the weather like this morning?
Bu sabah hava nasıl?
Boo sabah havah nasyl?

What's the weather like in Antalya?
Antalya'da hava nasıl?
Antalya'dah havah nasyl?

It's raining here.
Burada yağmur yağıyor.
Booradah yaghmoor yaghiyour.

It's snowing.
Kar yağıyor.
Car yaghiyour.

The sun is shining.
Hava güneşli.
Havah gyunashlie.

It's rainy.
Hava yağmurlu.
Havah yaghmoorloo.

It's snowy.
Hava karlı.
Havah carly.

It's sunny.
Hava güneşli.
Havah gyunashlie.

It's hot.
Hava sıcak.
Havah syjug.

(Hava) güneşli.

(Hava) yağmurlu.

It's warm.
Hava ılık.
Havah ilik.

It's cold.
Hava soğuk.
Havah soughook.

(Hava) karlı.

(Hava) rüzgarlı.

It's cool.
Hava serin.
Havah serene.

It's foggy.
Hava sisli.
Havah seeslie.

It's windy.
Hava rüzgârlı.
Havah rewzgarhly.

(Hava) sisli.

(Hava) sıcak.

It's going to be a nice day.
Hava güzel olacak.
Havah gewzal olajug.

It's going to rain.
Yağmur yağacak.
Yaghmoor yaghajug.

ASKING AND TELLING PRICE

How much?
Ne kadar? (Kaç para?)
Nah kadarh? (Kach parha?)

How much is this (it)? / How much does it cost?
Bu ne kadar? (Bu kaç para?)
Boo nah kadarh? (Boo kach parha?)

How much is that?
Şu ne kadar? (Şu kaç para?)
Shoe nah kadarh? (Shoe kach parha?)

How much are these? / How much do these cost?
Bunlar ne kadar? (Bunlar kaç para?)
Boonlarh nah kadarh? (Boonlarh kach parha?)

How much are those?
Şunlar ne kadar? (Şunlar kaç para?)
Shoonlarh nah kadarh? (Shoonlarh kach parha?)

What's the price?
Fiyatı ne?
Pheeyachty nah?

How much is this *hat?*
Bu *şapka* ne kadar?
Boo shapkah nah kadarh?

How much is that *hat?*
Şu *şapka* ne kadar?
Shoe shapkah nah kadarh?

How much is it to get in?
Giriş kaç para?
Gheereesh kach parha?

How much is it per person?
Adam başı kaç para?
Adham bashy kach parha?

How much is it per kilo?
Kilosu kaç para?
Kilosoo kach parha?

* * *

Is there a discount for a group?
Grup indirimi var mı?
Group eendeereeme varh meh?

Is there a discount for students?
Öğrenci indirimi var mı?
Ewghranjey eendeereeme varh meh?

How much of discount can you give me?
Ne kadar indirim yapabilirsiniz?
Nah kadarh eendeereem yupabeeleerseeniece?

Do I have to pay a deposit?
Depozito vermem gerekir mi?
Depositou varmam garackeer me?

Do I pay in advance or afterwards?
Peşin mi yoksa sonradan mı vereyim?
Pesheen me yokesah sonerahdan meh vereyeem?

Do you accept *traveller's cheques?*
Seyahat çeki alıyor musunuz?
Seyahat checkie aliyour moosoonooze?

I wish to pay by *credit card.*
Kredi kartı ile ödemek istiyorum.
Crady carty elah ewdamack eesteeyouroom.

Can I pay by my credit card?
Kredi kartımla ödeyebilir miyim?
Crady cartimlah ewdayahbeeleer meyeem?

Telling the Price:

It is fifty thousand liras./It costs fifty thousand liras.
Elli bin lira.
Ellih bin lirah.

I'm sorry but I can't make a reduction.
Maalesef indirim yapamam.
Mahaleseph eendireem yupamom.

We accept *traveller's cheques.*
Seyahat çeki alıyoruz.
Sayahat checkie aliyourooze.

Here's your receipt.
Fişinizi buyurun.
Fishineezy booyouroon.

ASKING AND GIVING PERSONAL DATA

a. Asking one's age:

Kaç yaşındasınız? *25 (yaşındayım).*

How old are you?
Kaç yaşındasınız?
Kach yahshyndahsyneeze?

I'm 20.
20 yaşındayım.
Yeerme yahshyndahyeem.

I'm 20 years old.
20 yaşındayım.
Yeermie yahshyndahyeem.

b. Asking one's country of origin:

Where are you from?
Nerelisiniz?
Narehleeseeniece?

I'm from Australia.
Avustralyalıyım.
Avoustralyahliyeem.

c. Asking one's occupation:

What's your job? / What are you?
İşiniz ne?
Eesheeniece nah?

What do you do? / What's your occupation?
Ne iş yapıyorsunuz? / Meşguliyetiniz ne?
Nah eesh yapiyoursoonooze? / Mashgyuleeyateeniece nah?

I'm a *student.*
Öğrenciyim.
Ewghranjeeyeem.

I'm a *bank clerk.*
Banka memuruyum.
Bankah mamyurooyoom.

I work *in a bank.*
Bankada çalışıyorum.
Bankahdah chalysheeyouroom.

d. Asking one's residence:

Where do you live?
Nerede oturuyorsunuz?
Naradeh oathyourooyoursoonooze?

We live in *İstanbul.*
İstanbul'da oturuyoruz.
İstanbul'dah oathyourooyourooze.

Where are you staying?
Nerede kalıyorsunuz?
Naradeh kaleeyoursoonooze?

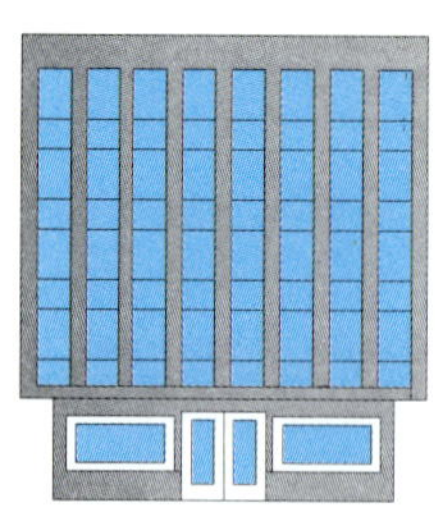

I'm staying *at the Star Hotel.*
Star Otel'de kalıyorum.
Star Otel'dah kaleeyouroom.

How long have you been here?
Ne zamandır buradasınız?
Nah zamandyr boorahdahsyneeze?

I've been here for two (three, ...) days.
İki (üç, ...) gündür buradayım.
Eekee (ewch,...) gyewndewr boorahdahyeem.

* * *

How long will you stay here?
Burada ne kadar kalacaksınız?
Boorahdah nah kadhar kalajacksyniece?

I'll be here for two (three, ...) days.
Burada iki (üç, ...) gün kalacağım.
Boorahdah eekee (ewch,...) gyewn kalajagheem.

e. Asking one's marital status:

Are you married? / Are you single?
Evli misiniz? / Bekâr mısınız?
Avlee meseeniece? / Backarh meseeniece?

I am married. / I am single.
Evliyim. / Bekârım.
Avleeyeem. / Backarym.

I am not married. / I'm divorced.
Evli değilim. / Boşandım.
Avlee degheeleem. / Boshandym.

* * *

Do you have any children?
Çocuklarınız var mı?
Chojooklarheneeze varh meh?

I have a son and a daughter.
Bir oğlum ve bir kızım var.
Bir oughloom vah bir kizym varh.

f. Suggestions for going out:

Would you like to go out with me this evening?
Bu akşam benimle çıkmak ister miydiniz?
Boo acksham beneemle chykmack eester meeydeeneeze?

Would you like to have lunch (dinner) with me?
Benimle öğle (akşam) yemeği yemek ister miydiniz?
Beneemlah ewghlah (acksham) yamaghee yemack eester meeydeeneeze?

Would you like to go to the cinema (disco) with me?
Benimle sinemaya (diskoya) gitmek ister miydiniz?
Beneemlah cinemayah (discoyah) gheetmack eester meeydeeneeze?

Would you like to walk at the seaside with me?
Benimle sahilde dolaşmak ister miydiniz?
Beneemlah saheeldah dolashmack eestermeeydeeneeze?

ASKING AND TELLING TIME

• Special expressions to ask the time:

What time is it?
Saat kaç?
Sahat cutch?

What's the time?
Saat kaç?
Sahat cutch?

What time do you make it?
Saatin kaç?
Sahateen cutch?

Have you got a time?
Saatin var mı?
Sahateen varh meh?

• Expressing complete hours: Begin your sentence with "Saat". "Saat" is used to express "It".

It's one (two, three, ...) o'clock.
Saat bir (iki, üç, ...).
Sahat bir (eekee, ewch,...)

• Expressing "half past": Begin your sentence with "Saat" and finish it with "buçuk". "Buçuk" means "half past"".

It's half past one (two, three, ...).
Saat bir (iki, üç, ...) buçuk.
Sahat bir (eekee, ewch,...) boochooke.

- "A quarter to" is used to tell the time when it is fifteen minutes before a complete hour. "Çeyrek var" is used in Turkish for "a quarter to".

It's a quarter to one (two, three, ...).
Saat bire (ikiye, üçe, ...) çeyrek var.
Sahat birah (eekeeyah, ewchah,...) chayrack varh.

It's quarter to one (two, three, ...).
Saat bire (ikiye, üçe, ...) çeyrek var.
Sahat birah (eekeeyah, ewchah,...) chayrack varh.

- "A quarter past" is used to tell the time when it is fifteen minutes after a complete hour. "Çeyrek geçiyor" is used in Turkish for "a quarter past".

It's a quarter past one (two, three, ...).
Saat biri (ikiyi, üçü, ...) çeyrek geçiyor.
Sahat birah (eekeeyee, ewchew,...) chayrack ghacheeyour.

It's quarter past one (two, three, ...).
Saat biri (ikiyi, üçü, ...) çeyrek geçiyor.
Sahat birah (eekeeyee, ewchew,...) chayrack ghacheeyour.

- To tell the time before a complete hour, use "var" in Turkish. Begin your sentence with "saat", then tell the complete hour, next tell the minute and "var" at the end.

It's five (ten, twenty, twenty-five) to one.
Saat bire beş (on, yirmi, yirmi beş) var.
Sahat birah bash (own, yeermie, yeermie bash) varh.

- To tell the time after a complete hour, use "geçiyor" in Turkish. Begiin your sentence with "saat", then tell the complete hour, next tell the minute and "geçiyor" at the end.

It's five (ten, twenty, twenty-five) past one.
Saat biri beş (on, yirmi, yirmi beş) geçiyor.
Sahat biree bash (own, yeermie, yeermie bash) gacheeyour.

- In Turkish, you can use the word "dakika" which means "minute" after the minute number.

It's two (three, seven, ...) minutes past one.
Saat biri iki (üç, yedi, ...) dakika geçiyor.
Sahat biree eekee (ewch, yedee,...) gacheeyour.

- "Dakika" is also used with the time before complete hour.

It's two (three, seven, ...) minutes to one.
Saat bire iki (üç, yedi, ...) dakika var.
Sahat biree eekee (ewch, yadeeh,...) duckeekah varh.

- To tell the time of Tv and radio programmes; arrivals and departures of planes, trains and buses, you can use the following structure, which is the same as English structure.

A: What time is the film?
Film saat kaçta?
Film sahat cutchtuh?

B: It's at nine twenty.
Saat dokuz yirmide. (9.20).
Sahat doukooze yeermiedah.

It's at nine in the evening.
Akşam saat dokuzda.
Aksham sahat doukoozdah.

2. MAKING FRIENDS (Arkadaşlık Kurma)

- **Meeting** - Tanışma
- **Asking Information** - Bilgi Edinme
- **Expressing Compliments** - İltifatlar
- **Having Fun and Giving Suggestions**- Eğlence ve Teklifler
- **Saying Goodbye** - Veda / Ayrılma

MEETING

Good morning.
Günaydın.
Gewnaydyn.

Good day.
İyi günler.
Eyee gyewnlarh.

Good evening.
İyi akşamlar.
Eyee ackshamlarh.

May I sit beside you?
(Yanınıza) oturabilir miyim?
(Yaanyneezah) otoorahbeeleer meeyeem?

Thank you.
Teşekkür ederim.
Tashekkyur adereem.

What's your name?
Adınız nedir?
Adeeneeze nadeer?

My name is ...
Benim adım ...
Beneem adym...

Nice to meet you.
Tanıştığımıza memnun oldum.
Taneeshtiegheemeezah mamnoon owldoom.

Nice to meet you, too.
Ben de memnun oldum.
Ben dah mamnoon owldoom.

ASKING INFORMATION

Where are you from?
Nerelisiniz?
Nareleeseeneeze?

I'm from ....
Ben ....'den geldim.
Ben ... dan gheldeem.

Where do you stay here?
Burada nerede kalıyorsunuz?
Boorahdah narehdeh kaleeyoursoonooze?

I'm staying at Hotel ....
Ben Otel ....'de kalıyorum.
Ben Otel...'deh kaleeyouroom.

Where do you live?
Nerede oturuyorsunuz?
Naredeh otyurooyoursoonooze?

Did you come alone?
Yalnız mı geldiniz?
Yalneeze meh gheldeeneeze?

Yes, I came alone.
Evet, yalnız geldim.
Avet, yalneeze gheldeem.

Are you married?
Evli misiniz?
Avlee meeseeniece?

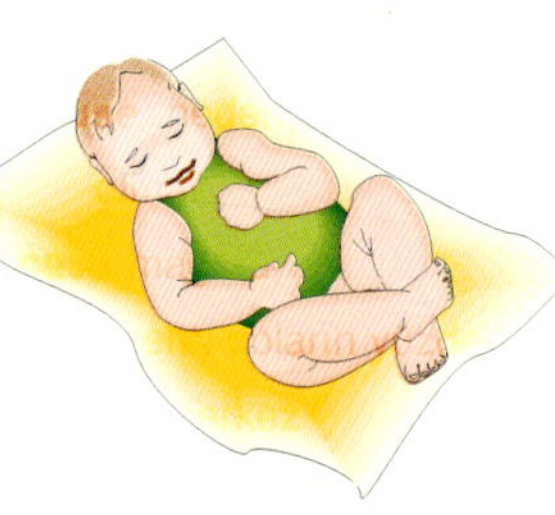

I'm (not) married.
Evliyim (değilim).
Avleeyeem (degheeleem).

Do you have children?
Çocuğunuz var mı?
Chojooghoonooze varh meh?

Yes, I have one child (two, three, ... children.)
Evet, bir (iki, üç, ...) çocuğum var.
Avet, bir (eekee, ewch, ...) chojooghoom varh.

What's your job?
Mesleğiniz nedir?
Messlegheeneeze nadeer?

I'm a waiter. / a waitress.
Öğretmenim. / Öğrenciyim.
Ewghratmenym. / Ewghranjeeyeem.

Where do you work?
Nerede çalışıyorsun?
Naredeh chaleesheyoursoonooze?

I work at a holiday village.
Bir tatil köyünde çalışıyorum.
Bir tateel kewyewndah chaleesheeyouroom.

EXPRESSING COMPLIMENTS

Your eyes are very beautiful.

Gözleriniz çok güzel.

Gewzlarheeneeze choke gewzal.

I've never seen such beautiful eyes.

Şimdiye kadar hiç bu kadar güzel göz görmemiştim.

Shimdeeyah kadhar heech boo kadhar gewzal gewz gewrmameeshteem.

Your hair is beautiful.

Saçlarınız çok güzel.

Sochlarheeneeze choke gewzal.

You have a perfect body.

Harika bir vücudunuz var.

Hareekah bir vewjoodoonooze varh.

May I call you with your first name?

Size adınızla hitap edebilir miyim?

Seezah adeeneezlah heetup edabeeler meyeem?

I like you very much.

Sizden (senden) çok hoşlandım.

Seezedan (sandan) choke hoshlandeem.

I've fallen in love with you.

Size (sana) aşık oldum.

Seezah (sanha) asheek owldoom.

Do you believe in love at first sight?

İlk görüşte aşka inanır mısın?

Eelk guryewshtah ashkah eenaneer meesyn?

This is love at first sight.

Bu ilk görüşte aşktır.

Boo eelk guryewshtah ashktyr.

It's very nice to talk to you.

Seninle sohbet etmek çok güzel.

Saneenlah souhbet atmack choke gewzal.

HAVING FUN AND GIVING SUGGESTIONS

I'd like to see you again.
Sizi (seni) tekrar görebilirsem çok sevinirim.
Seezee (sanee) tackrar gewrabeeleer meyeem.

May I see you again?
Sizi tekrar görebilir miyim?
Seezee tackrar gewrabeeleer meyeem?

Would you like to go out with me?
Benimle çıkmak ister misiniz?
Beneemlah chykmuck eestar meseeniece?

Would you like to go out with me tonight?
Bu akşam benimle çıkmak ister misiniz?
Boo acksham beneemlah chykmuck eestar meseniece?

May I see you tonight (tomorrow)?
Akşam (yarın) sizi görebilir miyim?
Acksham (yareen) seezee gurabeeleer meyeem?

When can I pick you up?
Sizi (seni) kaçta alabilirim?
Seezee (sanee) cutchtah alabeeleerym?

When can we meet?
Sizinle kaçta buluşabiliriz?
Seezeenlah cutchtah boolooshabeeleereeze?

May I buy you a drink (dinner)?
Size bir içki (yemek) ısmarlayabilir miyim?
Seezah bir eachky (yamack) eesmarhlahyaubeeleer meeyeem?

Would you like to eat lunch (dinner) with me?
Benimle öğle (akşam) yemeği yemek ister misiniz?
Beneemlah ewghlah (acksham) yamacghee yamack eestar meeseeniece?

Would you like to go to the cinema (theatre) with me?
Benimle sinemaya (tiyatroya, ...) gitmek ister misiniz?
Beneemlah cinemayah (teayachtrouyah,...) gheetmack eestar meeseeniece?

Would you like to walk?
Yürümek ister misin?
Yewrewmack eestar meeseeniece?

Where is your hotel (house)?
Oteliniz (eviniz) nerede?
Oteleeneeze (aveeneeze) naredah?

What's your room number?
Oda numaranız kaç?
Odah nyumarahneeze cutch?

My room number is 20.
Oda numaram 20.
Odah nyumarham yeermie.

What do you want to drink (eat)?
Ne içersiniz (yersiniz)?
Nah eacharseaniece (yarseeneice)?

Would you like to dance?
Dans etmek ister misiniz?
Dance atmack eestar meeseeniece?

Would you like to go to disco?
Diskoya gitmek ister misiniz?
Discoyah gheetmack eestar meeseeniece?

I'd like to know you better.
Sizi daha yakından tanımak isterdim.
Seezy dahah yackyndan taneemack eestardeem.

I'd like to know you better, too.
Ben de sizi daha iyi tanımak isterdim.
Ben dah seezy dahah eeyee taneemack eestardeem.

Do you want to surf?
Sörf yapmak ister misiniz?
Surf yapmack eestar meeseeniece?

Are you interested in a boat tour?
Bir tekne turu ilgini çeker mi?
Bir tacknah touroo eelgheeny checkar me?

Do you like to go swimming?
Yüzmeye gitmek ister misiniz?
Yewzmaya gheetmack eestar meeseeniece?

Do you want to take a sunbath?
Güneşlenmek ister misiniz?
Gewnashlanmack eestar meeseeniece?

Do you want some sunoil?
Güneş yağı ister misiniz?
Gewnashlanmack eestar meeseeniece?

The weather is very hot.
Hava çok sıcak.
Hovah choke syjug.

Do you want to take a shower?
Duş almak ister misiniz?
Doosh almack eestar meeseeniece?

Can we swim together?
Sizinle beraber yüzebilir miyiz?
Seezeenlah berhabar yewzabeeleer meeyeeze?

Would you like to have a ride on a jetski?
Su motorsikletiyle dolaşmak ister misin?
Soo motorsicklateeylah doleashmack eestar meeseen?

Do you want to waterski?
Su kayağı yapmak ister misin?
Soo kayaghee yapmack eestar meeseen?

Do you want to go to my (your) room?
Odama (odana) çıkmak ister misin?
Odamha (odanha) chickmack eestar meeseen?

Let's go to my (your) home.
Evime (evine) gidelim.
Aveemah (aveenah) gheedaleem.

No, it's fine here.
Hayır, burası iyi.
Higher, boorashee eeyee.

OK., let's go.
Evet, gidelim.
Avet, gheedaleem.

Maybe another time.
Belki başka bir zaman.
Belkee bashkah bir zamhan.

Sit beside me, please.
Lütfen yanıma otur.
Lewtfan yaneemah otoor.

Come closer, please.
Lütfen daha yakına gel.
Lewtfan dahah yackynah ghal.

Don't misunderstand me, please.
Lütfen beni yanlış anlama.
Lewtfan benee yanleesh anlahmah.

May I kiss you?
Seni öpebilir miyim?
Senee ewpabeeleer meeyeem?

Do you want to spend the night with me?
Bu geceyi benimle geçirmek ister misin?
Boo ghajayee beneemlah ghachyrmack eestar meeseen?

Can we be together?
Seninle beraber olabilir miyiz?
Saninlah berabhar olabeeleer meeyeeze?

Yes, I'd like that, too.
Evet, bunu bende istiyorum.
Avet, boonoo bendah eesteayouroom.

No, let's remain friends.
Hayır, istemiyorum arkadaş kalalım.
Higher, eestameeyouroom arkadash kalalym.

I'd like that but not tonight (today).
İsterim ama bu gece (bugün) olmaz.
Eestarim amah boo ghajah (boogewn) olmazh.

SAYING GOODBYE

I'll never forget you.
Seni hiçbir zaman unutmayacağım.
Sanee heachbir zamanh oonootmahyajagheem.

Do you want to give me your adress (phone number)?
Bana adresini (telefon numaranı) vermek ister misin?
Banah addresseeny (telephone nyumaranee) varmack eestarmeeseen?

May I write to you?
Sana yazabilir miyim?
Sanah yazabeeleer meeyeem?

What's your e-mail address?
E-mail adresin nedir?
E-postuh addresseen nader?

When can we meet again?
Ne zaman görüşebiliriz?
Nah zamanh girewshabeeleereeze?

3. ACCOMMODATION (Konaklama)

AT A HOTEL - OTELDE

- A Customer's Words - Müşteri Sözleri
  - Arrival and Check-in - Geliş ve Yazılma
  - Seeing the Room - Odayı Görme
  - Asking Price / Rates - Fiyat Sorma
  - Asking Information - Bilgi Edinme
  - Luggage - Eşya
  - Requests - İstekler
  - Complaints - Şikâyetler
  - Communication - İletişim
  - Check - out - Ayrılma
- Staff's Words - Personelin Sözleri
  - General - Genel
  - Telling Price - Fiyat Söyleme
  - Checking in Customers - Kayıt
  - Giving Information - Bilgi Verme
  - Service - Servis
  - Communication - İletişim
  - Checking out Customers - Ayrılış
  - Useful Words - Konu İle İlgili Kelimeler

AT A CAMP - KAMPİNG

- General - Genel
- Arrival - Geliş
- Asking Information - Bilgi Edinme
- Asking Price/Rates - Fiyat Sorma
- Check - out - Ayrılış
- Useful words - Konu İle İlgili Kelimeler

e
e
MARMARA ETAP
MARMARAETAP

AT A HOTEL

– A CUSTOMER'S WORDS

ARRIVAL AND CHECK-IN

I've a reservation.
Rezervasyonum var.
Razarvasyonoom varh.

I've reserved a room.
Bir oda ayırtmıştım.
Bir oduh ayeertmeeshteem.

I've reserved two (three, ...) rooms.
İki (üç, ...) oda ayırtmıştım.
Eekee (ewch,...) oduh ayeertmeeshteem.

I've booked a room in the name of *Green.*
Green adına bir oda ayırtmıştım.
Green adynah bir oduh ayeertmeeshteem.

* * *

Have you a vacant room?
Boş odanız var mı?
Bosh oduneeze varh meh?

I'd like a single room.
Tek kişilik bir oda istiyorum.
Tack keesheeleek bir oduh eesteayouroom.

I'd like a double room.
Çift kişilik bir oda istiyorum.
Chieft keesheeleek bir oduh eesteeyouroom.

I'd like a room with twin beds.
İki yataklı bir oda istiyorum.
Eekee yachtacklee bir oduh eesteeyouroom.

I'd like a room with a shower (bath, telephone, television, ...)?
Duşlu (banyolu, telefonlu, televizyonlu, ...) bir oda istiyorum.
Dooshloo (banyouloo, telephoneloo, televeezyownloo, ...) bir oduh eesteeyouroom.

I'd like a single room for one night.
Bir gece için tek kişilik bir oda istiyorum.
Bir ghajah eackeen tack keesheeleek bir oduh eesteeyouroum.

I'd like a single room for two (three, ...) nights.
İki (üç, ...) gece için tek kişilik bir oda istiyorum.
Eekee (ewch,...) ghajah eacheen tack keesheeleek bir oduh eesteeyouroom.

I'd like a double room for one night.
Bir gece için çift kişilik bir oda istiyorum.
Bir ghajah eacheen chieft keesheeleek bir oduh eesteeyouroom.

I'd like a double room for two (three, ...) nights.
İki (üç, ...) gece için çift kişilik bir oda istiyorum.
Eekee (ewch,...) ghajah eacheen chieft keesheeleek bir oduh eesteeyouroom.

SEEING THE ROOM

Can I see the room, please?
Odayı görebilir miyim?
Oduhyew gewrahbeeleer meeyeem?

Can you show me the room?
Odayı gösterir misiniz?
Oduhyew gewstarir meeseeniece?

It's too big (small).
Çok büyük (küçük).
Choke buyuke(kewchuke).

It's too hot (cold).
Çok sıcak (soğuk).
Choke syjug(soghook).

It's too dark.
Çok karanlık.
Choke karanlyk.

It's too noisy.
Çok gürültülü.
Choke gewrewltyewleu.

It's too expensive.
Çok pahalı.
Choke pahalee.

Have you a bigger (smaller) room?
Daha büyük (küçük) bir odanız var mı?
Dahah buyuke (kewchuke) bir oduneeze varh meh?

Have you a warmer room?
Daha sıcak bir odanız var mı?
Dahah syjug bir oduneeze varh meh?

Have you a quieter room?
Daha sessiz bir odanız var mı?
Dahah sasseez bir oduneeze varh meh?

Have you a cheaper room?
Daha ucuz bir odanız var mı?
Dahah oojuize bir oduneeze varh meh?

ASKING PRICE/RATES

How much is it for one night?
Bir geceliği ne kadar?
Bir ghajaleeghee nah kadarh?

How much is it per day (week)?
Bir günlüğü (haftalığı) ne kadar?
Bir gyunlewghew (haftahleeghee) nah kadarh?

How much is it for bed and breakfast?
Yatak ve kahvaltı ne kadar?
Yachtack vah kahvalty nah kadarh?

How much is it for full board?
Tam pansiyon ne kadar?
Tamh panhseeyone nah kadarh?

Is breakfast included?
Kahvaltı dahil mi?
Kahvalty daheel me?

Is everything included?
Her şey dahil mi?
Har shay daheel me?

Is there any extra charge?
Başka yan masraflar var mı?
Baashka yun musruflarh varh meh?

ASKING INFORMATION

Where's the W.C. for the men/ladies?
Erkekler/kadınlar tuvaleti nerede?
Erkaklar / kadynlarh toovahlety naredah?

Is there a lift?
Asansör var mı?
Asanhsir varh meh?

Do you have a restaurant garage?
Lokantanızın garajınız var mı?
Lokantaneezyn garajyneeze varh meh?

Do you have a laundry room?
Çamaşırhaneniz var mı?
Chumahshirhananeeze varh meh?

What time is breakfast?
Kahvaltı ne zaman?
Kahvalty nah zamanh?

What time is lunch (dinner)?
Öğle (akşam) yemeği ne zaman?
Ewghlah (acksham) yamaghee nah zamanh?

Which floor is the restaurant on?
Restoran kaçıncı (hangi) katta?
Restourun kachynjee (hangheee) kattah?

Can I have breakfast in my room?
Kahvaltımı odamda yapabilir miyim?
Kahvaltymeh odumdah yapahbeeleer meeyeem?

Can I drink the tap water?
Musluk suyu içiliyor mu?
Mooselook sooyou eachyleeyourmoo?

Where can I park my car?
Nereye park edebilirim?
Nareyah park adebeeleereem?

What time does the café close?
Kafe kaçta kapanıyor?
Cafe kachtah kapaneeyour?

Can I leave these for safe keeping?
Bunları size (kasaya) teslim edebilir miyim?
Boonlarhy seezah (kahsaya) tasleem adebeeleer meeyeem?

Can I have a key for the outside door?
Dış kapının anahtarını alabilir miyim?
Dish kapynen anahtarynee alabeeleer meeyeem?

LUGGAGE

I've got some luggage.
Eşyam var.
Ashyamh varh.

I haven't got any luggage.
Eşyam yok.
Ashyamh yoke.

My luggage is in the car.
Eşyalarım arabada.
Ashyalarym arabadah.

Could you bring my luggage to my room, please?
Eşyalarımı odama getirir misiniz?
Ashyalaryme odumah ghateereer meeseeniece?

REQUESTS

Could I have a call in the morning, please?
Sabahleyin beni uyandırır mısınız?
Sabbahlayin benee uyandyrir meeseeniece?

Please call me at 8 o'clock.
Lütfen beni saat 8'de uyandırın.
Lewtfan benee sahat sakeezdah uyandyrin.

Can I have some (liquid) soap?
(Sıvı) sabun alabilir miyim?
Seevee saboon alabeeleer meeyeem?

Can I have a towel?
Havlu alabilir miyim?
Howloo alabeeleer meeyeem?

Can I have an ashtray?
Kül tablası alabilir miyim?
Kewl tablahsee alabeeleer meeyeem?

Can you bring me *some hangers*?
Birkaç askı getirir misiniz?
Birkcutch asky ghateereer meeseeniece?

Can I have another blanket (pillow)?
Bir battaniye (yastık) daha alabilir miyim?
Bir battaneeyah (yastyk) dahah alabeeleer meeyeem?

I want to iron some clothes.
Ütü yapmak istiyorum.
Ewtew yupmuck eesteeyouroom.

I want some clothes ironed.
Ütü yaptırmak istiyorum.
Ewtew yupteermuck eesteeyouroom.

COMPLAINTS

There's no water.
Su yok.
Soo yoke.

There's no hot water.
Sıcak su yok.
Syjack soo yoke.

There's no toilet paper.
Tuvalet kâğıdı yok.
Toovahlet kagheedi yoke.

The tap drips.
Musluk damlıyor.
Mooslook daamleeyour.

The air conditioning (heating, telephone, television, ...) isn't working.
Klima (kalorifer, telefon, televizyon, ...) çalışmıyor.
Klimah (kalourifarh, telephone, televizyown,...) chalishmeeyour.

I cannot open the window.
Pencere açılmıyor.
Panjarah acheelmeeyour.

The sheets aren't clean.
Çarşaflar temiz değil.
Charshaflarh tameez degheel.

The towels are dirty.
Havlular kirli.
Havloolarh kirlee.

Can you clean the room, please?
Odayı temizler misiniz?
Oduhyee tameezlarh meeseeniece?

Can you change the sheet (towels), please?
Çarşafları (havluları) değiştirir misiniz?
Charshaflarhy (havloolarhy) dagheeshteerir meeseeniece?

Are there any letters (messages) for me?
Benim için mektup (mesaj) var mı?
Beneem eachyn macktoop (masuj) varh meh?

Can I buy a prepaid card for mobile phones near here?
Buralarda cep telefonu için hazır kart satın alabilir miyim?
Boorahlaardah jap telephonoo eachyn hazyr card sateen alabeeleer meeyeem?

I'm expecting a Mr *Green*.
Bay *Green* adında birini bekliyorum.
Bayh Green adeenduh bireenee backleeyouroom.

Could you call me when Mr *Green* arrives?
Bay *Green* gelince bana haber verir misiniz?
Bayh Green ghaleenjah banah habar varer meeseeniece?

I'm expecting a letter (phone call).
Mektup (telefon) bekliyorum.
Macktoop (telephone) backleeyouroom.

Can I make a telephone call from here?
Buradan telefon edebilir miyim?
Booradan telephone adebeeleer meeyeem?

Do you have a computer connected to the internet?
İnternete bağlı bilgisayarınız var mı?
Internetah baghlee bilgheesayareeneeze varh meh?

Can I use the internet connected computer?
İnternete bağlı bilgisayarı kullanabilir miyim?
Internetah baghlee bilgheesayaree coollanahbeeleer meeyeem?

CHECKING - OUT

I'm leaving this evening.
Bu akşam ayrılıyorum.
Boo ackshum ayrileeyouroom.

I'm leaving tomorrow morning.
Yarın sabah ayrılıyorum.
Yaryn sabah ayrileeyouroom.

We shall be leaving at 8 o'clock tomorrow morning.
Yarın sabah saat 8'de ayrılacağız.
Yaryn sabah sahat sakeezdah ayrilajaheeze.

By what time do we have to vacate the room?
Ne zamana kadar odayı boşaltmamız gerekiyor?
Nah zamanah kadarh oduyee boshaltmom gharekiyour?

Is my bill ready?
Hesabım hazır mı?
Hasabim hazir meh?

I would like the bill, please.
Hesabı rica edecektim.
Hesabih rejah adejackteem.

Can I pay by credit card?
Kredi kartı ile ödeyebilir miyim?
Credy carty elah ewdayabeeleer meeyeem?

Do you accept traveller's cheques?
Seyahat çeki alıyor musunuz?
Sayahut checkie aliyour moosoonooze?

Do you take foreign money?
Yabancı para alıyor musunuz?
Yabanjeh parah aliyour moosoonoze?

Could you have my luggage brought down?
Eşyalarımı aşağıya indirtir misiniz?
Ashyalareemee ashagheeyah indeerteer meeseeneice?

Could you call a taxi, please?
Taksi çağırır mısınız?
Taxi chagheereer meeseeniece?

– STAFF'S WORDS

GENERAL/GENEL

Can I help you?
Size yardımcı olabilir miyim?
Seezah yardeemjeh olabeeleer meeyeem?

We have no room.
Boş odamız yok.
Bosh odameeze yoke.

Have you booked a room?
Oda ayırtmış mıydınız?
Odah ayirtmesh meeydeeniece?

One moment, please.
Bir dakika lütfen.
Bir dakikah lewtfan.

What kind of accommodation do you want?
Nasıl bir oda arzu edersiniz?
Nasyl bir odah arzoo aderseeniece?

TELLING PRICE

It costs one hundred YTL a day.
Günlüğü yüz YTL.
Gewnlewghew yewz YaTaLa.

It costs *fifty* liras a night.
Geceliği *elli* lira.
Ghajaleeghee ellih leeruh.

All the rooms have private bathrooms.
Bütün odalarımızda banyo var.
Bewtewn oduhlarymeezduh banyoh varh.

A single room is ... liras a night.
Tek kişilik bir odanın geceliği ... lira.
Tack kisheeleek bir odahnin ghajaleeghee ...... lirah.

A double room is ... liras a night.
Çift kişilik bir odanın geceliği ... lira.
Chieft kisheeleek bir oduhnin ghajaleeghee ...... lirah.

Suites are ... liras a night.
Dairenin geceliği ... lira.
Daheeraneen ghajaleeghee ...... lirah.

A room with a bath (air-condition, ...) is ... liras a night.
Banyolu (klimalı, ...) bir odanın geceliği ... lira.
Banyoloo (klimalee,...) bir oduhnin ghajaleeghee... lirah.

VAT is included.
KDV dahil.
KuhDahVah daheel.

VAT is not included.
KDV dahil değil.
KuhDahVah duheel dagheel.

Breakfast is included.
Kahvaltı dahil.
Kuhvalty daheel.

Breakfast is not included.
Kahvaltı dahil değil.
Kuhvalty duheel dagheel.

Everything is included.
Her şey dahil.
Har shay duheel.

It's ... liras altogether.
Her şey dahil ... lira.
Har shay duheel ... lirah.

CHECKING IN CUSTOMERS

What's your name (surname)?
İsminiz (soyadınız) nedir?
Eesmeeniece (soayahdeeneeze) nadeer?

May I have your name (surname)?
Adınızı (soyadınızı) alabilir miyim?
Adyneeze (soayahdeeneezy) alabeeleer meeyeem?

What's your home address?
Ev adresiniz nedir?
Ave addresseeneeze nadeer?

May I have your full name and address?
Tam adınızı ve adresinizi alabilir miyim?
Tumh adyneeze vah addresseeneezy alabeeleer meeyeem?

Can you fill in this form, please?
Bu formu doldurur musunuz?
Boo formoo douldooroor moosoonooze?

How long will you be staying?
Ne kadar kalacaksınız?
Nah kadarh kalajacksyneeze?

Your passport, please.
Pasaportunuz lütfen.
Passapourtoonooz lewtfan.

Can I see your passport, please?
Pasaportunuzu görebilir miyim?
Passapourtoonoozoo gewrabeeleer meeyeem?

Could you sign here, please?
Şurayı imzalar mısınız?
Shoerayhyee imzalarh meeseeniece?

Please sign here.
Şurayı imzalayın lütfen.
Shoerayhyee imzalahyeen lewtfan.

Have you got any luggage?
Bavulunuz var mı?
Bovooloonooze varh meh?

Here's your key.
İşte anahtarınız.
Ishtah anahtareeneeze.

Your room number is 105.
Oda numaranız 105.
Odah nyumarhaneeze yewz bash.

GIVING INFORMATION

The lift is on the left (right).
Asansör solda (sağda).
Asanşewr soldah (saghdah).

The stairs are on the left / right corner.
Merdivenler sol / sağ köşede.
Mardeevanlarh sole/sagh kewshadah.

Your room is on the fifth floor.
Odanız beşinci katta.
Odaneeze basheejeh cuttah.

The restaurant is on the ground floor.
Lokanta zemin katta.
Loukantah zameen cuttah.

Breakfast room is on the roof floor.
Kahvaltı salonu teras katında.
Kuhvalty salounoo tarus cutyndah.

The restaurant has an a la carte menu.
Restoranımızda alakart menü var.
Restouranymeezdah alacart manew varh.

Restoranımızda fiks menü var.
The restaurant has a table d'hote menu.
Restouranymeezdah fix manew varh.

* * *

Breakfast is at 8.
Kahvaltı saat 8'de.
Kuhvalty sahat sakeezdah.

Breakfast is between seven and ten.
Kahvaltı saat yedi ile on arasında.
Kuhvalty sahat yadee elah on arasyndah.

Lunch is from twelve to three o'clock.
Öğle yemeği saat on ikiden üçe kadar.
Ewghlah yamaghee sahat on eekeedan ewchah kadarh.

Dinner is from six to ten o'clock.
Akşam yemeği saat altıdan ona kadar.
Acksham yamaghee sahat alteedan onah kadarh.

SERVICE

What's your room number?
Oda numaranız kaç?
Oduh noomaraneeze cutch?

Would you like room service?
Odanıza servis ister misiniz?
Odunyzah sarvice eestar meeseeniece?

Would you like an early call?
Sizi sabahleyin uyandırmamı ister misiniz?
Seezy sabahlayheen ooyandyrmamee eestar meeseeneice?

What's your room phone number?
Oda telefon numaranız nedir?
Oduh telephone noomaraneeze nadeer?

COMMUNICATION

Someone wants to see you.
Sizi birisi görmek istiyor.
Seezy beereesy gewrmack eesteeyour.

There's a call for you.
Size telefon var.
Seezah telephone varh.

There's a letter (post card, message) for you.
Size bir mektup (kart, not) var.
Seezah bir macktoop (card, note) varh.

CHECKING OUT CUSTOMERS

Your bill is ready.
Hesabınız hazır.
Hasabyneeze hazyr.

Here's your bill.
İşte hesabınız.
Ishtah hesabyneeze.

Shall I call a taxi?
Taksi çağırayım mı?

Taxi chagheerayeem meh?

Would you like me to call a taxi?
Taksi çağırmamı ister misiniz?
Taxi chagheermomee eestar meeseeniece?

USEFUL WORDS

bulb	ampul / *ampool* /
key	anahtar / *anahtarh* /
lift / elevator	asansör / *asansewr* /
coat hanger	askı / *asky* /
mirror	ayna / *aynah* /
tip	bahşiş / *bahshish* /
balcony	balkon / *balcone* /
bath, bathroom	banyo / *banyoh* /
head waiter	başgarson / *bashgharsone* /
blanket	battaniye / *battaneeyah* /
suitcase	bavul / *bavool* /
bellboy	belboy / *bellboy* /
laundry	çamaşır / *chamashyr* /
laundry	çamaşırhane / *chamashyrhaney* /
sheet	çarşaf / *charshafe* /
disco, discotheque	disko, diskotek / *disco, discotak* /
cupboard	dolap / *doulap* /
shower	duş / *doosh* /
clothes	elbise / *albeesah* /
plug	elektrik fişi / *electric fishy* /
brush	fırça / *fyrchah* /
waiter	garson / *gharsone* /
service charge	garsoniye / *gharsoneeyah* /
porter	hamal / *hamalh* /
air-conditioning	havalandırma / *havahlandyrmah* /
towel	havlu / *havlooh* /
bill	hesap / *hasup* /
hall	hol / *hole* /
chair	iskemle / *eeskamlah* /

waste-paper basket	kâğıt sepeti / *kagheet sapatee* /
breakfast	kahvaltı / *kuhvalty* /
central heating	kalorifer / *calorifar* /
door	kapı / *cupy* /
floor	kat / *cut* /
register	kaydetmek / *kayedatmack* /
register	kaydolmak / *kaydolemack* /
VAT	KDV / *KuhDahVah* /
armchair	koltuk / *coletook* /
ashtray	küllük, kül tablası / *kewllewk, kewl tablasy* /
bathtub	küvet / *kewat* /
washbasin/lavatory	lavabo / *lavahboh* /
receipt	makbuz / *mackbooze* /
table	masa / *masah* /
tablecloth	masa örtüsü / *masah ewrtewsewh* /
motel	motel / *motel* /
menu	menü / *manew* /
tap	musluk / *mooslook* /
manager	müdür / *mewdewr* /
room	oda / *oduh* /
chambermaid	oda hizmetçisi / *oduh heezmatcheesy* /
room service	oda servisi / *oduh sarvicy* /
to vacate the room	odayı boşaltmak / *oduyeh boshaltmuck* /
double room	çift yataklı oda / *chieft yataklee oduh* /
furnished room	mobilyalı oda / *mobeelyahly oduh* /
single room	tek yataklı oda / *tack yataklee oduh* /
hotel	otel / *otel* /
boarding-house	pansiyon / *panseeyown* /
passport	pasaport / *pasaport* /
window	pencere / *panjarah* /
curtain	perde / *pardah* /
mail	posta / *postuh* /

socket, wall plug	priz / *preeze* /
reception	resepsiyon / *rasapseeyown* /
receptionist	resepsiyonist / *rasapseeyownist* /
reservation	rezervasyon / *razarvasyown yapmuck* /
to make a reservation	rezervasyon yapmak / *razarvasyown yapmuck* /
soap	sabun / *saboon* /
hall	salon / *salone* /
lounge	bekleme salonu / *backlamah salonoo* /
chair	sandalye / *sandalyah* /
service	servis / *sarvice* /
service charge	servis ücreti / *sarvice ewjratee* /
serve	servis yapmak / *sarvice yapmuck* /
traveller's cheque	seyahat çeki / *sayahot checkie* /
rucksack	sırt çantası / *sirt chantasy* /
telephone	telefon / *telephone* /
to telephone, to phone	telefon etmek / *telephone atmuck* /
telephone directory	telefon rehberi / *telephone rahbaree* /
lavatory	tuvalet / *toovalat* /
toilet paper	tuvalet kâğıdı / *toovalat kaghidi* /
iron	ütü / *ewtew* /
pillow	yastık / *yusteck* /
bed	yatak / *yatuck* /
bed sheet	yatak çarşafı / *yatuck charshafee* /
bedroom	yatak odası / *yatuck oduhsy* /
bed and breakfast	yatak ve kahvaltı / *yatuck vah kuhvalty* /
bed and board	yatak ve yemek / *yatuck vah yamack* /
bedspread	yatak örtüsü / *yatuck ewrtewsew* /
meal	yemek / *yamack* /
dinner	akşam yemeği / *acksham yamagheel* /
lunch	öğle yemeği / *ewglah yamaghee* /
dining room	yemek salonu / *yamack salonoo* /
reserve	yer ayırtmak / *yar ayirtmuck* /
quilt, comforter	yorgan / *yourgun* /

AT A CAMP

GENERAL

We're looking for a camping site.
Kamp yeri arıyoruz.
Cump yaree ariyourooz.

Is there a camping ground near here?
Buralarda bir yerde kamp yeri var mı?
Boorahlardah bir yardah cump yaree varh meh?

Is there anywhere for us to camp near here?
Buralarda kamp yapabileceğimiz bir yer var mı?
Boorahlardah cump yapabeelajaheemeeze bir yar varh meh?

Where's the nearest camping ground?
En yakın kamping nerede?
An yakyn cumping naredeh?

Where's ... camping ground?
... kamping nerede?
Cumping naredah?

ARRIVAL

Can we camp here?
Burada kamp yapabilir miyiz?
Booradah cump yapabeeleermeeyeeze?

Where can we pitch our tent?
Çadırımızı nerede kurabiliriz?
Chadyreemeezy naredeh koorabeeleereeze?

Have you got a site for our tent?
Çadırımız için yeriniz var mı?
Chadyreemeez eachyn yareeneeze varh meh?

May we put our caravan here?
Karavanımızı buraya koyabilir miyiz?
Karavanymeezy boorayah coyabeeleer meeyeeze?

May I park my van here?
Minibüsümü buraya park edebilir miyim?
Minibeusewmew boorayah park adebeeleer meyeem?

There are two (three, four, ...) of us.
İki (üç, dört, ...) kişiyiz.
Eekee (ewch, dirt,...) kisheeyeeze?

ASKING INFORMATION

Are there any tent sites (caravan sites)?
Çadır yeri (karavan yeri) var mı?
Chadyr yaree (caravan yaree) varh meh?

Are there any showers (toilets)?
Duş (tuvalet) var mı?
Doosh (toovalat) varh meh?

Are there any laundry facilities?
Çamaşır yıkama yeri var mı?
Chamushyr yeekamah yaree varh meh?

Is there a shop (restaurant, telephone,...) on the site?
Kamp yerinde dükkân (restoran, telefon, ...) var mı?
Cump yareendah dewkkan (rastouran, telephone,... varh meh?

Can I have a shower?
Duş alabilir miyim?
Doosh alabeeleer meeyeem?

Can I light a fire?
Ateş yakabilir miyim?
Atash yakabeeleer meeyeem?

Is there any drinking water?
İçme suyu var mı?
Eachmah sooyoo varh meh?

Where is the drinking water?
İçme suyu nerede?
Eachmah sooyoo naredeh?

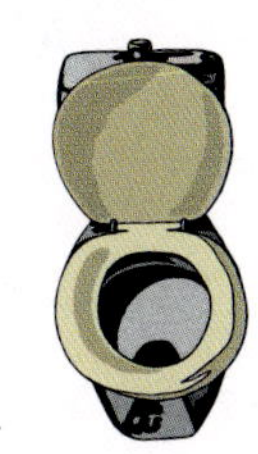

Where are the toilets?
Tuvalet nerede?
Toovalet naredeh?

Where can we wash our dishes (clothes)?
Bulaşıklarımızı (çamaşırlarımızı) nerede yıkayabiliriz?
Boolushiklarhymeezy (chamushirlarymeezy) naredeh yeekuyabeeleereeze?

Where can we buy ice?
Nereden buz satın alabiliriz?
Nareden booze satin alabeeleereem?

Where can I dispose of rubbish?
Çöpü nereye dökebilirim?
Chewpew nareyah dewkabeeleereem?

ASKING PRICE/RATES

How much is it per day (week)?
Günlüğü (haftalığı) ne kadar?
Gewnlewghew (haflaleeghee) nah kadarh?

How much is it for a tent (caravan)?
Çadır (karavan) ne kadar?
Chadyr (caravan) nah kadarh?

How much is it for a person?
Adam başı ne kadar?
Adum bashy nah kadarh?

CHECK-OUT

I'm leaving this evening.
Bu akşam ayrılıyorum.
Boo acksham ayreeleeyouroom.

I'm leaving tomorrow morning.
Yarın sabah ayrılıyorum.
Yarin sabah ayrileeyouroom.

We're leaving early tomorrow.
Yarın sabah erkenden gidiyoruz.
Yarin sabah arkendan gheedeeyourooze.

We shall be leaving at 8 o'clock tomorrow morning.
Yarın saat 8'de ayrılacağız.
Yarin sahat sakeezdah ayrilajacagheeze.

Is my bill ready?
Hesabım hazır mı?
Hesabym hazyr meh?

I would like the bill, please.
Hesabı rica edecektim.
Hesaby rejah adejackteem.

Can I pay by credit card?
Kredi kartı ile ödeyebilir miyim?
Credy carty elah ewdayabeeleer meeyeem?

Do you accept traveller's cheques?
Seyahat çeki alıyor musunuz?
Sayahat checkie aleeyour moosoonooze?

Do you take foreign money?
Yabancı para alıyor musunuz?
Yabanjeh parah aleeyour moosoonooze?

Can you change dollars (pounds, ...)?
Dolar (sterlin, ...) bozabilir misiniz?
Dolarh (starleen,...) boazabeeleer meeseeniece?

USEFUL WORDS

AT A CAMP:

mosquito net	cibinlik / *jebeenleek* /
tent	çadır / *chadyr* /
tent pole	çadır direği / *chadyr diraghee* /
tent rope	çadır ipi / *chadyr eepy* /
tent peg	çadır kazığı / *chadyr kazighy* /
penknife	çakı / *chucky* /
dustbin, garbage can, trash can	çöp kutusu / *chewp kootoosooh* /
torch	el feneri / *al fenari* /
camp	kamp / *cump* /
camping equipment	kamp malzemesi / *cump malzahmasy* /
camping site	kamp yeri / *cump yareh* /
camping	kamping / *cumping* /
caravan, trailer	karavan / *caravan* /
tinned food, canned food	konserve / *konservah* /
tin opener	konserve açacağı / *konservah achajaghee* /
bucket	kova / *kovah* /
shovel	kürek / *kewrack* /
van	minibüs / *minibews* /
folding bed	portatif yatak / *portatiff yatuck* /
mosquito	sivrisinek / *seevryseenack* /
water	su / *soo* /
drinking water	içme suyu / *eachmah sooyou* /
hot water	sıcak su / *syjuck soo* /
cold water	soğuk su / *soghook soo* /
bottle	şişe / *shishah* /
bottle opener	şişe açacağı / *shishah achajaghee* /
frying pan, skillet	tava / *tavah* /
saucepan, pot	tencere / *tanjarah* /
corkscrew	tirbuşon / *tirbyushone* /
toilet	tuvalet / *toovalet* /
sleeping bag	uyku tulumu / *ooykoo tooloomoo* /

4. AT A RESTAURANT

A. A Customer's Words - Müşteri Sözleri
- **Arrival** - Geliş
- **Ordering Meals** - Sipariş
- **Asking Information** - Bilgi Alma
- **Requests** - İstekler
- **Wrong Order** - Yanlış Sipariş
- **Complaints** - Şikâyetler
- **Leaving** - Ayrılma
- **Mistake in Bill** - Hesapta Yanlışlık

B. Staff's Words - Personelin Sözleri
- **Welcoming Customers** - Karşılama
- **Taking Orders** - Sipariş Alma
- **Leaving** - Ayrılma
- **Useful Words** - Konu İle İlgili Kelimeler
- **Types of Meals** - Yiyecek Türleri
- **Styles of Cooking** - Yemek Hazırlama Yöntemleri
- **Spices** - Baharatlar
- **Soups** - Çorbalar
- **Meat Meals** - Et Yemekleri
- **Fish** - Balıklar
- **Fowls and Games** - Kümes ve Av Hayvanları
- **Vegetables** - Sebzeler
- **Fruits** - Meyveler
- **Alcoholic Drinks** - Alkollü İçkiler
- **Beverages (non-alcoholic drinks)** - Meşrubatlar
- **Fruit Juice** - Meyve Suları
- **Hot Drinks** - Sıcak İçecekler
- **Dinner Set** - Sofra Takımı

MENU

AT A RESTAURANT

A. A CUSTOMER'S WORDS

ARRIVAL

Is there a table free?
Boş masa var mı?
Bosh masah varh meh?

Is this table free?
Bu masa boş mu?
Boo masah bosh mooh?

Who's serving here?
Buraya kim bakıyor?
Boorayah kim backiyour?

Who's serving this table?
Bu masaya kim bakıyor?
Boo masayah kim backiyour?

I'd like a table for two (three, four, ...).
İki (üç, dört, ...) kişilik bir masa istiyorum.
Eekee (ewch, dirt,...) kishileek bir masah eesteeyouroom.

I'd like a table by the window.
Pencere kenarında bir masa istiyorum.
Panjarah kenarindah bir masah eesteeyouroom.

I'd like a table outside.
Dışarıda bir masa istiyorum.
Disharidah bir masah eesteeyouroom.

I'd like a table on the terrace.
Terasta bir masa istiyorum.
Tarastah bir masah eesteeyouroom.

I'd like a table in the corner.
Köşede bir masa istiyorum.
Kewshadah bir masah eesteeyouroom.

ORDERING MEALS

The menu, please.
Yemek listesi, lütfen.
Yamack listasy lewtfan.

What do you recommend?
Ne tavsiye edersiniz?
Nah tavseeyah aderseeneeze?

What soup have you got?
Çorbalardan ne var?
Chorbalardan nah varh?

What sort of vegetables are there?
Ne tür sebzeler var?
Nah tewr sabzalar varh?

What do you have for dessert?
Tatlılardan ne var?
Tatlilardan nah varh?

***Some vegetable soup,* lease.**
Sebze çorbası lütfen.
Sabzah chorbasy lewtfan.

I'd like *some chicken soup.*
Tavuk çorbası rica edecektim.
Tavook chorbasy rejah adejackteem.

First I want *some tomato soup.*
Önce bir *domates çorbası* istiyorum.
Ewnjah bir domutas chorbasy eesteeyouroom.

I'd like to try the *steak,* please.
Bifteği denemek istiyorum.
Beeftaghee danemmack eesteeyouroom.

I'll have a *steak.*
Biftek alayım.
Beeftack alayim.

I'll have that.
Şunu alayım.
Shoenoo alayim.

ASKING INFORMATION

Could you tell me what 'kadınbudu' is?
Kadınbudu nasıl bir şey?
Kadinboodoo nasyl bir shay?

What is 'imambayıldı' like?
'İmambayıldı' nasıl?
"Emombayildi" nasyl?

What kind of dish (salad, dessert, soup, ...) is this?
Bu nasıl bir yemek (salata, tatlı, çorba, ...)?
Boo nasyl bir yamack (salatah, tatly, chorbah,...)

What is 'baklava'?
'Baklava' nedir?
"Bucklavah" nadeer?

What is this called?
Bunun adı ne?
Boonoon ady nah?

Does the *fish* come with anything else?
Balığın yanında başka bir şey veriyor musunuz?
Baligheen yanindah bashkah bir shay variyour moosoonooze?

REQUESTS

An ashtray, please.
Kül tablası, lütfen.
Kewl tablahsy, lewtfan.

Could I have a napkin (plate, spoon, ...)?
Bir peçete (tabak, kaşık, ...) alabilir miyim?
Bir pachatah (tabuck, kashik,...) alabeeleer meeyeem?

Can you bring me a knife (fork, spoon, ...)?
Bana bir bıçak (çatal, kaşık,...) getirir misiniz?
Banah bir bychuck (chutal, kashik,...) ghateerir meeseeneice?

Some more bread (water, ...), please.
Biraz daha ekmek (su, ...), lütfen.
Birazh dahah akmack (soo,...) lewtfan.

Can I have some more *bread?*
Biraz daha *ekmek* verir misiniz?
Birazh dahah akmack vareer meeseeniece?

Can you bring some more *water?*
Biraz daha *su* getirir misiniz?
Birazh dahah soo ghateerir meeseeneice?

I like it rare.
Az pişmiş olsun.
Azh pishmish oulsoon.

I like it medium.
Orta pişmiş olsun.
Ortah pishmish oulsoon.

I like it well done.
Çok pişmiş olsun.
Choke pishmish oulsoon.

WRONG ORDER

This is not what I ordered.
Ben bunu istememiştim.
Ben boonoo eestamamishteem.

You've brought us the wrong order.
Bize yanlış yemek getirmişsiniz.
Beezah yanlish yamack ghateermishsiniece.

I didn't ask *fish.*
Balık istememiştim.
Balik eestamamishteem.

I ordered *steak.*
Biftek istemiştim.
Biftack eestamishteem.

COMPLAINTS

Have you forgotten the soup?
Çorbayı unuttunuz mu?
Chorbayih oonoothtoonooze mooh?

This is too cold (hot).
Bu çok soğuk (sıcak).
Boo choke sowghook (sıjug)

This is very salty.
Bu çok tuzlu.
Boo choke toozeloo.

This is too hot.
Bu çok acılı.
Boo choke ajilee.

This is overdone.
Bu çok pişmiş.
Boo choke pishmish.

This is undercooked.
Bu az pişmiş.
Boo az pishmish.

This is stale.
Bu bayat.
Boo bayhat.

This is very tough.
Bu çok sert.
Boo choke sart.

LEAVING

The bill, please.
Hesap, lütfen.
Hąsap, lewtfan.

Can I have the bill, please?
Hesabı verir misiniz?
Hasaby varir meeseeniece?

Waiter, could we have the bill, please?
Garson, hesabı rica edebilir miyim?
Gharsone, hasaby rejah adebeeleer meeyeem?

Separate bills, please.
Hesapları ayrı olsun, lütfen.
Hasaplarhy ayri oulsoon, lewtfan.

We are in a hurry.
Acelemiz var.
Ajalameez varh.

Keep the change.
Üstü kalsın.
Ewstew calsyn.

The meal was excellent.
Yemek çok güzeldi.
Yamack choke gewzaldee.

MISTAKE IN A BILL

I think there's a mstake.
Sanırım bir yanlışlık var.
Sunyreem bir yanlishleek varh.

There seems to be a mistake here.
Galiba burda bir yanlışlık var.
Ghalybah booredah bir yanlishleek varh.

The bill is too much.
Hesap çok fazla.
Hasap choke fazlah.

What is this item?
Bu ne?
Boo nah?

B. STAFF'S WORDS

WELCOMING CUSTOMERS:

Welcome.
Hoş geldiniz.
Hosh ghaldeeneeze.

Welcome to our restaurant.
Restoranımıza hoş geldiniz.
Rastorunymeezah hosh ghaldeeneeze.

Did you make a reservation?
Rezervasyon yaptırmış mıydınız?
Razarvasyone yaptyrmish meeydeeneeze?

Good evening, sir.
İyi akşamlar, efendim.
Eeyee ackshumlarh, afendeem.

Good evening, madam.
İyi akşamlar, efendim.
Eeyee ackshumlarh, afendeem.

Where do you want to sit?
Nereye oturmak istersiniz?
Nareyah otoormack eestar seeneeze?

This way, please.
Böyle buyurun, lütfen.
Bewylah booyouron, lewtfan.

TAKING ORDERS

Yes, sir. (beyler için)
Buyurun, efendim.
Booyouroon, afendeem.

Yes, madam. (bayanlar için)
Buyurun, efendim.
Booyouroon, afendeem.

Would you like to see the menu?
Yemek listesini görmek ister miydiniz?
Yamack listaseeny gewrmack eestar meeydeeneeze?

Can I have your order?
Siparişinizi alabilir miyim?
Seeparhishlareeneezy alabeeleer meeyeem?

Are you ready to order?
Sipariş için hazır mısınız?
Siparish eachen hazyr myseen?

What would you like?
Ne alırdınız?
Nah alyrdyneeze?

What would you like to eat?
Ne yemek istersiniz?
Nah yamack eestarseeneeze?

What would you like to drink?
Ne içmek istersiniz?
Nah eachmack eestarseeneeze?

Would you like a dessert?
Tatlı alır mısınız?
Tatly alyr myseeneeze?

What would you like for dessert?
Tatlılardan ne arzu edersiniz?
Tatlylarhdan nah arzoo aderseeneeze?

What soup would you like?
Çorbalardan ne arzu edersiniz?
Chorbahlardan nah arzoo aderseeneeze?

What drink would you like?
İçkilerden ne alırdınız?
Eachkylardan nah alyrdyneeze?

Would you like white wine or red wine?
Beyaz şarap mı yoksa kırmızı şarap mı istersiniz?
Bayuz sharap mee yokesah kyrmeezee sharapmee eestarseeneeze?

Would you like ice?
Buz ister misiniz?
Booze eestar meeseeneeze?

We have tomato (peas, vegetable, onion, ...) soup.
Domates (bezelye, sebze, soğan, ...) çorbası var.
Domutas (bazalyah, sabzah, soghon,...) chorbasy varh.

What would you like with it?
Yanında ne arzu edersiniz?
Yanyndah nah arzoo aderseeneeze?

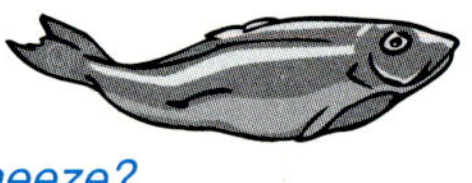

And to follow?
Arkasından ne arzu edersiniz?
Arkasyndan nah arzoo aderseeneeze?

We have fish (shish kebab, steak, ...).
Balık (şişkebabı, biftek, ...) var.
Balyk (shishkebaby, beeftack,...) var.

We've got excellent meatballs.
Çok güzel köftemiz var.
Choke gewzal kewphtahmeeze varh.

I'd recommend shish kebab.
Şişkebabı tavsiye edebilirim.
Shishkebaby tavseeyah adebeeleereem.

Rare, medium or well done?
Az pişmiş mi, orta pişmiş mi yoksa çok pişmiş mi olsun?
Aze pishmish me, ortah pishmish me yokesah choke pishmish me olesoon?

How would you like your coffee?
Kahveniz nasıl olsun?
Kahvaneeze nasyl olesoon?

I'm sorry, there isn't any *fish* left.
Özür dilerim, *balık* kalmadı.
Ewzewr deelareem, balyk kalmahdeh.

Would you like anything else?
Başka bir emriniz var mı?
Bashkah bir amreeneeze varh meh?

Bon appétit!
Afiyet olsun!
Afiyat olesoon!

Enjoy your meal!
Afiyet olsun!
Afiyat olesoon!

LEAVING

Here's your bill.
Hesabınızı buyurun.
Hasabyneezy booyouroon.

Goodbye, sir.
Güle güle, efendim.
Gewlah gewlah, afendeem.

Goodbye, madam.
Güle güle, efendim.
Gewlah gewlah, afendeem.

We hope to see you again.
Yine bekleriz.
Yeenah backlareeze.

USEFUL WORDS

Types of Meals - Yiyecek Türleri

appetizer	aperatif / *uparatiff* /
fish	balık / *balyk* /
soup	çorba / *chorbah* /
meat dish	et yemeği / *at yamaghee* /
pastry	hamur işi / *hamoor ishy* /
fried vegetable (meat)	kızartma / *kyzartmah* /
fruit	meyve / *mayvah* /
starters	meze / *mazah* /
hors d'oeuvres	ordövr / *ordewr* /
salad	salata / *salatah* /
vegetable dish	sebze yemeği / *uparatiff* /
dessert	tatlı / *tatly* /
dish in olive oil	zeytinyağlı yemek / *zayteenyaghlee yamack* /

Styles of Cooking - Yemek Hazırlama Yöntemleri

steamed	buğulama / *booghoolamah* /
stuffed	dolma / *dolemah* /
roasted	fırında / *fyryndah* /
smoked	füme / *fewmah* /
boiled	haşlama / *hushlamuh* /
grilled	ızgara / *eezgharah* /
fried	kızartma / *kyzartmah* /
pickle	turşu / *toorshoo* /
in olive oil	zeytinyağlı / *zayteenyaghlee* /

Spices - Baharatlar

spice	baharat / *baharat* /
pepper	biber / *beebar* /
hot pepper	acı biber / *ajey beebar* /
black pepper	karabiber / *karahbeebar* /
red pepper	kırmızıbiber / *kyrmeezee beebar* /
cloves	karanfil / *karanfeel* /
thyme	kekik / *kakeek* /
cummin	kimyon / *kimyone* /
parsley	maydanoz / *muydanoze* /
mint	nane / *nunah* /
fennel	rezene / *razanah* /
garlic	sarmısak / *surmysock* /
cinnamon	tarçın / *tarchyn* /
ginger	zencefil / *zanjahfeel* /

Soups - Çorbalar

fish soup	balık çorbası / *balyk chorbasy* /
pea soup	bezelye çorbası / *bazalyah chorbasy* /
tomato soup	domates çorbası / *domutese chorbasy* /
lentil and rice soup	ezo gelin çorbası / *ezoh gheleen chorbasy* /
endive soup	hindibaba çorbası / *hindibabah chorbasy* /
tripe soup	işkembe çorbası / *eeshkambah chorbasy* /
lentil soup	mercimek çorbası / *marjeemack chorbasy* /
lamb's trotter soup	paça çorbası / *pacha chorbasy* /
potato soup	patates çorbası / *potutase chorbasy* /
rice soup	pirinç çorbası / *pyreench chorbasy* /
vegetable soup	sebze çorbası / *sabzah chorbasy* /
vermicelli soup	şehriye çorbası / *shahreeyah chorbasy* /
soup made of dried curds and flour	tarhana çorbası / *tarhanah chorbasy* /
chicken soup	tavuk çorbası / *tawook chorbasy* /
yoghurt soup	yayla çorbası / *yaylah chorbasy* /
green lentil soup	yeşil mercimek çorbası / *yasheel marjeemack chorbasy* /

Meat Meals - Et Yemekleri

brain	beyin / *bayeen* /
steak	biftek / *beeftack* /
fillet steak	bonfile / *bonefeelah* /
kidney	böbrek / *bewbrack* /
liver	ciğer / *jeegharh* /
ox tongue	sığır dili / *syghyr deelee* /
meat	et / *at* /
veal	dana eti / *danah atey* /
pork	domuz eti / *domooze atey* /
mutton	koyun eti / *koyoon atey* /
lamb	kuzu eti / *koozooh atey* /
beef	sığır eti / *syghyr atey* /
ham	jambon / *jambonel* /
minced meat	kıyma / *kymah* /
meatball	köfte / *kewftah* /
meat and rice rissoles	kadınbudu köfte / *kadyn boodoo kewftah* /
meatballs in tomato sauce	İzmir köfte / *İzmir kewftah* /
grilled meatballs on skewers	şiş köfte / *shish kewftah* /
lamb chop	pirzola / *peerzoluh* /
salami	salam / *salum* /
sausage	sosis / *sauseese* /
kind of sausage	sucuk / *soojooke* /
schnitzel, escalope	şnitsel / *shneetsal* /

Fish - Balıklar

trout	alabalık / *alabalyk* /
fish	balık / *balyk* /
red mullet	barbunya / *barboonyah* /
crayfish	böcek / *bewjack* /
medium-sized bluefish	çinekop / *chinahcop* /
salted and dried mackerel	çiroz / *cheerosel* /
sole	dilbalığı / *deelbaleegheel* /
silverfish	gümüşbalığı / *gewmewsh baleeghee* /
anchovy	hamsi / *hamsee* /
caviar	havyar / *hawyarh* /
lobster	ıstakoz / *eestacoze* /
horse mackerel	istavrit / *eestavreet* /
oyster	istiridye / *eestiridyah* /
turbot	kalkan / *kalkun* /
black bream	karagöz / *karahgewz* /
shrimp	karides / *kareedas* /
grey mullet	kefal / *kefal* /
swordfish	kılıçbalığı / *kylychbaleeghee* /
salted tunny	lakerda / *lakardah* /
sea bass	levrek / *lavrak* /
blue-fish	lüfer / *lewfar* /
red sea-bream	mercan / *marjan* /
sturgeon	mersin / *marseen* /
mussel	midye / *midyah* /
codfish	morina / *morinah* /
bonito, short-finned tunny	palamut / *palamoot* /
dab	pisibalığı / *pisybaleeghee* /
sardine	sardalye / *sardalyah* /
carp	sazan / *sazanh* /
salmon	som / *som* /
striped red mullet	tekir / *tackeer* /
mackerel	uskumru / *ooskoomrooh* /
crab	yengeç / *yangach* /
eel	yılanbalığı / *yeelanbaleeghee* /

Fowls and Games - Kümes ve Av Hayvanları

quail	bıldırcın / *byldeerjeen* /
woodcock	çulluk / *choollook* /
pigeon	güvercin / *gewarjeen* /
turkey	hindi / *hindee* /
goose	kaz / *kazh* /
partridge	keklik / *kackleek* /
duck	ördek / *ewrdak* /
chicken	piliç / *peeleech* /
pheasant	sülün / *sewlewn* /
hare	tavşan / *tawshun* /
chicken	tavuk / *tawook* /

Vegetables - Sebzeler

broad beans	bakla / *baklah* /
okra	bamya / *bamyah* /
small reddish bean	barbunya / *barboonyah* /
peas	bezelye / *bazalyah* /
pepper	biber / *beebar* /
dill	dereotu / *darahoutoo* /
tomato	domates / *domatese* /
artichoke	enginar / *angheenarh* /
beans	fasulye / *fasoolyah* /
carrot	havuç / *hawooch* /
cucumber	hıyar / *hyarh* /
chicory, endive	hindibaba / *hindibabah* /
date	hurma / *hoormah* /
spinach	ıspanak / *eespanuck* /
courgette, pumpkin, squash	kabak / *cabak* /
cauliflower	karnabahar / *karnabahar* /
calery	kereviz / *karaveeze* /
asparagus	kuşkonmaz / *kooshconemazh* /

cabbage	lahana / *lahanah* /
lemon	limon / *leemone* /
mushroom	mantar / *muntar* /
lettuce	marul / *marool* /
parsley	maydanoz / *muyhdounose* /
lentil	mercimek / *marjeemack* /
mint	nane / *nahnah* /
cooked chickpeas	nohut / *nouhoot* /
beetroot	pancar / *panhjar* /
potato	patates / *patutese* /
eggplant, aubergine	patlıcan / *potlyjan* /
leek	pırasa / *pyrasah* /
cucumber	salatalık / *salahtalyk* /
garlic	sarmısak / *sarmysuck* /
vegetable	sebze / *sabzah* /
purslane	semizotu / *semeezotoo* /
onion	soğan / *soghan* /
radish	turp / *toorp* /

Fruits - Meyveler

raspberry	ahududu / *ahoodoodoo* /
pineapple	ananas / *ananase* /
pear	armut / *armoot* /
quince	ayva / *ayvah* /
almond	badem / *budam* /
blackberry	böğürtlen / *bewghewrtlan* /
walnut	ceviz / *javeeze* /
pine nut	çamfıstığı / *chumfysteegheel* /
strawberry	çilek / *cheelack* /
mulberry	dut / *doot* /
apple	elma / *almah* /
plum	erik / *areek* /
hazel-nut	fındık / *fyndeek* /

pistachio nut	fıstık / *fysteek* /
grapefruit	greyfrut / *greyfruit* /
fig	incir / *eenjeer* /
water melon	karpuz / *karpooz* /
melon	kavun / *kawoon* /
apricot	kayısı / *kayeeseh* /
chestnut	kestane / *kastanah* /
cherry	kiraz / *keeraz* /
mandarin, tangerine	mandalina / *mandaleenuh* /
fruit	meyve / *mayvah* /
banana	muz / *mooze* /
pomegranate	nar / *narh* /
orange	portakal / *portakhal* /
peach	şeftali / *shaftaleeh* /
grape	üzüm / *ewzewm* /
morello cherry	vişne / *vishnah* /

Drinks - Alkollü İçkiler

beer	bira / *beerah* /
brandy	brendi / *brandy* /
gin	cin / *gin* /
cognac	kanyak / *kanyak* /
liqueur	likör / *leekewr* /
rakı	rakı / *rakee* /
rum	rom / *rome* /
champagne	şampanya / *shampanyah* /
wine	şarap / *sharap* /
white wine	beyaz şarap / *bayaz sharap* /
red wine	kırmızı şarap / *kyrmeezy sharap* /
sparkling wine	köpüklü şarap / *kewpewklew sharap* /
rosé	pembe şarap / *pambah sharap* /
whisky	viski / *visky* /
scotch	İskoç viskisi / *eeskoch viskeesy* /
vodka	votka / *voutkah* /

Beverages - Meşrubatlar

pop, fizzy lemonade	gazoz / *ghazoze* /
coke	kola / *cola* /
lemonade	limonata / *leemonahtah* /
mineral water	maden suyu / *madan sooyou* /
soda water	soda / *sodah* /
tonic water	tonik / *tonic* /

Fruit Juice - Meyve Suları

apple juice	elma suyu / *almah sooyou* /
apricot juice	kayısı suyu / *kayisee sooyou* /
orange juice	portakal suyu / *portuckal sooyou* /
peach juice	şeftali suyu / *shaftalee sooyou* /
morello cherry juice	vişne suyu / *vishnah sooyoo* /

Hot Drinks - Sıcak İçecekler

tea	çay / *chaye* /
coffee	kahve / *kahvah* /
cocoa	kakao / *kakao* /
instant coffee	neskafe / *naskafe* /
black coffee	sade neskafe / *sadah naskafe* /
white coffee	sütlü neskafe / *sewtlewh naskafe* /

Dinner Set - Sofra Takımı

glass	bardak / *barduck* /
knife	bıçak / *bychuck* /
pepper shaker	biberlik / *beebarleek* /
fork	çatal / *chatal* /
tea strainer	çay süzgeci / *chaye sewzghajeey* /
cup	fincan / *finjan* /
saucer	fincan tabağı / *finjan tabaghee* /
spoon	kaşık / *kashyk* /
teaspoon	çay kaşığı / *chaye kashyghee* /
tablespoon	çorba kaşığı / *chorbah kasyghee* /
ashtray	kül tablası / *kewl tablahsy* /
tablecloth	masa örtüsü / *masah ewrtewsew* /
serviette, napkin	peçete / *pachahtah* /
sugar bowl	şekerlik / *shakarleek* /
plate	tabak / *tabuck* /
tray	tepsi / *tapsy* /
saltshaker, saltcellar	tuzluk / *toozelook* /
eggcup	yumurtalık / *yoomoortahlyk* /

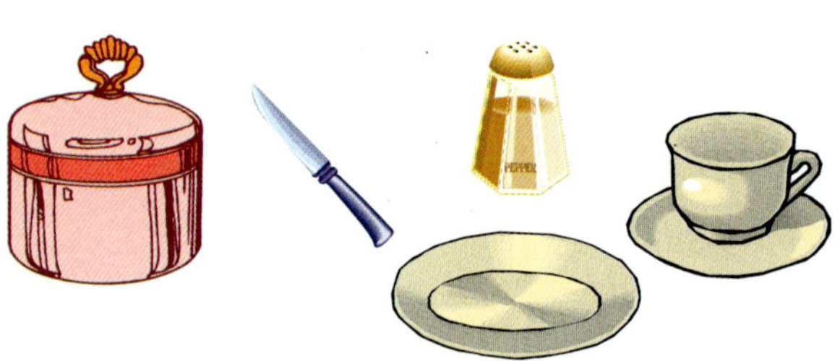

5. SHOPPING / (ALIŞVERİŞ)

CLOTHING STORE

AT A STORE

A. A CUSTOMER'S WORDS

ARRIVAL

Where is the men's (ladies') department?
Erkek (kadın) reyonu nerede?
Arkach (kadyn) rayonou naredeh?

Can you serve me?
Bakar mısınız?
Buckar meeseen?

Who's serving here?
Buraya kim bakıyor?
Boorayah kim buckeeyour?

Can you help me?
Yardımcı olur musunuz?
Yardymjeh oloor moosoonooze?

I'm looking for a *dress*.
Bir elbise bakmıştım.
Bir albeesah buckmeeshtym.

I want a *sweater*.
Bir *süveter* istiyorum.
Bir swatar eesteeyouroom.

Do you have any *leather jackets*?
Sizde *deri ceket* bulunur mu?
Seezdah dary jackat booloonoor moo?

I want to buy a *leather jacket.*
Bir *deri ceket* almak istiyorum.
Bir dary jackat almuck eesteeyourom.

Can you please show me *some silk shirts?*
İpek gömlek çeşitlerinizi gösterebilir misiniz?
Eepack gewmlack chashitlareeneezy gewstarabeeleer meeseeniece?

I want a *T-shirt* for my daughter (son, ...).
Kızım (oğlum, ...) için bir *tişört* istiyorum.
Keezym (oughloom,...) eachyn bir t-shirt eesteeyouroom.

CHOOSING

Can I see the *blouse* in the window?
Vitrindeki *bluzu* görebilir miyim?
Vitreendakee bluezoo gewrabeeleer meeyeem?

Can I see the *jumper* over there?
Şurdaki *kazağı* görebilir miyim?
Suredahkee kazaghee gewrabeeleer meeyem?

No, the other one. / I'd like that one.
Hayır, diğerini. / Şunu istiyorum.
Higher, deeghareeny. / Shoonoo eesteeyourom.

Have you got different colours?
Başka renk var mı?
Bashkah rank varh meh?

Have you anything in blue (brown, green, ...)?
Mavi (kahverengi, yeşil, ...) bir şeyiniz var mı?
Mawee (kahvaranghee, yasheel,...) bir shayeeneeze varh meh?

Do you have this in blue (yellow, violet, ...)?
Bunun yeşili (sarısı, moru, ...) var mı?
Boonoon yasheelee (sarysee, moreooh,...) varh meh?

May I try it on? / Where's the changing room?
Deneyebilir miyim? / Üst değiştirme yeri nerede?
Danayahbeeleer meeyeem? / Ewst dagheesteer mah yaree naredah?

Can you measure me?
Ölçümü alır mısınız?
Ewlchewmew alyr meeseneeze?

ASKING THE MATERIAL OF THE CLOTHES

Are these shoes leather?
Bu ayakkabılar deri mi?
Boo ayhakkabeelarh dary mee?

Is this pullover woolen (cotton)?
Bu kazak yün mü (pamuk mu)?
Boo kazhak yewn new (pumook mooh)?

What's it made of? / What make is it?
Neden yapılmış? / Ne marka?
Nadan yapeelmish? / Nah markah?

DISSATISFACTION

It's too big (small).
Çok büyük (küçük).
Choke bewyewk (kewchewk).

It's too long (short).
Çok uzun (kısa).
Choke oozoone (kysah).

It's too tight (loose).
Çok dar (bol).
Choke darh (bole).

It's too dark (light).
Çok koyu (açık).
Choke coyoo (achyk).

It's too expensive. / Is there a cheaper one?
Çok pahalı. / Daha ucuzu var mı?
Choke pahalee. / Dahah oojoozoo varh meh?

Do you have anything smaller (bigger)?
Daha küçük (büyük) bir şeyiniz var mı?
Dahah kewchewk (bewyewk) bir shayeeneeze varh meh?

Do you have anything shorter (longer)?
Daha kısa (uzun) bir şeyiniz var mı?
Dahah kisah (oozoone) bir shayeeneeze varh meh?

Do you have anything looser (tighter)?
Daha bol (dar) bir şeyiniz var mı?
Dahah bole (darh) bir shayeeneeze varh meh?

Do you have anything lighter (darker)?
Daha açık (koyu) bir şeyiniz var mı?
Dahah achyk (coyoo) bir shayeeneeze varh meh?

Do you have anything cheaper?
Daha ucuz bir şeyiniz var mı?
Dahah oojooze bir shayeeneeze varh meh?

Do you have anything better?
Daha iyi bir şeyiniz var mı?
Dahah eeyee bir shayeeneeze varh meh?

It doesn't fit.
Üstüme oturmuyor.
Ewstewmah otoormooyour.

It doesn't suit me.
Bana uymuyor.
Banah ooymooyour.

SATISFACTION

I like it.
Hoşuma gitti.
Hoshoomah gheetty.

I don't like it.
Hoşuma gitmedi.
Hoshoomah gheetmahdee.

I don't like the colour.
Rengi hoşuma gitmedi.
Rangy hoshoomah gheetmahdee.

I prefer blue (green, ...).
Mavi (yeşil, ...) daha çok hoşuma gidiyor.
Mawee (yasheel,...) dahah choke hoshoomah gheedeeyour.

That's just what I want.
Tam istediğim gibi.
Tum eestahdeegheem gheebee.

I like this one.
Bunu beğendim.
Boonooh baghandeem.

I like that one.
Şunu beğendim.
Shoonooh baghandeem.

I like the one in the window.
Vitrindekini beğendim.
Vitreendeckynee baghandeem.

I'll take this one.
Bunu alıyorum.
Boonoo aleeyouroom.

Can you alter it?
Bedenime göre ayarlar mısınız?
Badaneemah ghewrah ayharlarhmeeseeneeze?

Can you take it in? (Can you make it shorter?)
Küçültür müsünüz? / Kısaltır mısınız?
Kewchewltewr mewsewnewze? / Kysaltyr meeseeniece?

Can you let it out? (Can you make it longer?)
Büyültür müsünüz? / Uzatır mısınız?
Bewyewltewr mewsewnewze? / Oozahtyr meeseeneeze?

I'll take that one.
Şunu alıyorum.
Shoonooh aleeyouroom.

Please wrap it. / Don't wrap it.
Lütfen paket yapın. / Paket yapmayın.
Lewtfan packet yapyn. / Packet yapmahyeen.

Would you please gift wrap it?
Hediye paketi yapar mısınız?
Hadeeyah packatee yaphar meeseeneeze?

There's no need to wrap it, thank you.
Teşekkürler, paket yapmanıza gerek yok.
Tashekkyurlarh, puckat yapmanyzah gharack yoke.

Can I have a plastic / paper bag?
Poşet verir misiniz?
Poshat varir meeseeniece?

Please send it to this address.
Lütfen bu adrese gönderin.
Lewtfan boo addressah gewndarheen.

How much would it cost to send it to England?
İngiltere'ye göndermek ne kadar tutar?
Enghiltarehyah gewndarmack nah kadarh tootar?

ASKING PRICE

How much?
Ne kadar?
Nah kadarh?

How much is this (that?) / How much does it cost?
Bu (şu) ne kadar?
Boo (shoe) nah kadarh?

How much is this tie?/How much does this tie cost?
Bu kravat ne kadar?
Boo kravhut nah kadarh?

How much is that raincoat?
Şu yağmurluk ne kadar?
Shoe yaughmoorlook nah kadarh?

How much do I owe you?/How much do I have to pay?
Borcum ne kadar?
Bordgum nah kadarh?

PAYING A BILL

How much is it altogether?
Hepsi ne kadar ediyor?
Hapsy nah kadarh adeeyour?

Do you accept traveller's cheques (credit cards)?
Seyahat çeki (kredi kartı) kabul ediyor musunuz?
Sayahat checkie (credy carty) kaubool adeeyour moosoonooze?

Do you accept dollars (pounds, ...)?
Dolar (sterlin, ...) alıyor musunuz?
Dollarh (starleen,...) aleeyour moosoonooze?

Can't you make a little reduction?
Biraz indirim yapamaz mısınız?
Beeruzh eendeereem yapahmaz meeseeneeze?

That's my last offer. / I can't pay more.
Bu son teklifim. / Daha fazla ödeyemem.
Boo sone tackleefim. / Dahah fazlah ewdayamam.

Where do I pay?
Kasa ne tarafta?
Kasah nah taraftah?

B. STAFF'S WORDS

WELCOMING A CUSTOMER

Come in. Welcome.
Buyurun. Hoşgeldiniz.
Booyooroone. Hoshghaldeeniece.

Come inside, please. What are you looking for?
İçeri buyurun, lütfen. Ne bakıyorsunuz?
Eacherry booyooroon, lewtfan. Nah bakiyoursoonooze?

We've got different models inside.
İçeride değişik modellerimiz var.
Eacherridah dagheesheek modallarheemeze varh.

Can I help you?
Yardımcı olabilir miyim?
Yarhdymjeh oulahbeeleer meeyeem?

What can I do for you? / How can I help you?
Size nasıl yardımcı olabilirim?
Seezah nasyl yarhdymjeh oulahbeeleereem?

Are you being served?
Size kimse bakıyor mu?
Seezah kimsah bakiyoor moo?

Is anybody looking after you?
Sizinle ilgilenen var mı?
Seezynlah eelgheelanan varh meh?

ASKING A CUSTOMER'S THOUGHT

Who's it for?
Kimin için?
Kimeen eachyn?

Will it be for you?
Sizin için mi?
Seezeene eacheen me?

What size?
Kaç beden?
Cutch badan?

What size are you?
Bedeniniz kaç?
Badaneeneeze cutch?

What's your shoe size?
Kaç numara ayakkabı giyiyorsunuz?
Cutch noomahrah gheeyeeyoursoonooze?

What colour would you like?
Ne renk arzu etmiştiniz?
Nah rank arzoo atmishteeneeze?

What do you think of this?
Bunu nasıl buluyorsunuz?
Boonooh nasyl boolooyoursoonooze?

Would you like to try it on?
Denemek ister miydiniz?
Danamack eestar meeydeeneeze?

Does it fit all right?
Üstünüze oturdu mu?
Ewstewnewzah outoordoo mooh?

GIVING INFORMATION

We've got different colours, too.
Başka renklerimiz de var.
Boshkah ranklareemeez dah varh.

We've got different models, too.
Başka modellerimiz de var.
Boshkah modallarheemeeze dah varh.

We've got different sizes, too.
Başka bedenlerimiz de var.
Boshkah badanlarheemeeze dah varh.

I'm sorry we haven't got any.
Maalesef bizde yok.
Mahalasaf beezdah yoke.

We only have size *38 and 40.*
Bizde sadece *38 ve 40* bedenler var.
Beezdah sadajeh 38 and 40 badanlarh varh.

We have no *skirt* in this size.
Bu bedende *eteğimiz* yok.
Boo badandah atagheemeeze yoke.

Next week it will come to our shop.
Gelecek hafta mağazamıza gelecek.
Ghalajack haftah mughazahmyzah ghalajack.

OFFERING THE ITEM SOLD

This suits you.
Bu size yakıştı.
Boo seezah yackishtee.

This is just for you. And it isn't expensive.
Bu tam size göre. Ayrıca fiyatı pahalı değil.
Boo tum seezah gewrewh. Ayreejah feeyahty pahalee dagheel.

It fits you perfectly.
Üstünüze tam oturdu.
Ewstewnewzah tum outourdoo.

This year these are very popular.
Bu yıl bunlar çok tutuluyor.
Boo yeel boonlarh choke tootoolooyour.

This year these are in fashion.
Bu yıl bunlar moda.
Boo yeel boonlarh modah.

I'll recommend this (that) one.
Bunu (şunu) tavsiye ederim.
Boonooh (shoenooh) tawseeyah adereem.

I'll recommend this *skirt*.
Bu *eteği* tavsiye ederim.
Boo ataghee tawseeyah adereem.

USEFUL WORDS

Clothing Store - Clothes

anorak	anorak / *anorack* /
shoe	ayakkabı / *ayhackcuby* /
bikini	bikini / *bikini* /
jeans	blucin / *bluejean* /
blouse	bluz / *blooze* /
bathing cap	bone / *bounah* /
jacket	ceket / *jackat* /
boot	çizme / *cheesemah* /
socks, stockings	çorap , bayan çorabı / *chorap, bayhan choraby* /
dress	elbise / *albeesah* /
gloves	eldiven / *aldeevah* /
scarf	eşarp / *esharph* /
tracksuit	eşofman / *eshofmanh* /
skirt	etek / *atack* /
shirt	gömlek / *gewmlack* /
cardigan	hırka / *hyrkah* /
jumper	kazak / *kazakh* /
tie	kravat / *kravath* /
briefs	külot / *kewlote* /
underpants	külot (erkek) / *kewlote (arkak)* /
panties	külot (kadın) / *kewlote (kadyn)* /
tights, pantihose	külotlu çorap / *kewloteloo chorap* /
swimming suit	mayo / *mayouh* /
handkerchief	mendil / *mandil* /
coat, overcoat	palto / *pultouh* /
trousers	pantolon / *puntohlone* /
pyjamas	pijama / *pyjamah* /
bra	sutyen / *sootyen* /
sweater	süveter / *sewhatar* /

hat	şapka / ***shapkah*** /
shorts	şort / ***short*** /
slippers	terlik / ***tarleek*** /
T-shirt	tişört / ***t-shirt*** /
raincoat	yağmurluk / ***yaghmoorlook*** /

Colours

beige	bej / ***baj*** /
white	beyaz / ***bayuz*** /
grey	gri / ***greey*** /
brown	kahverengi / ***kahvaranghee*** /
red	kırmızı / ***kyrmeezeh*** /
blue	mavi / ***mawee*** /
purple	mor / ***more*** /
pink	pembe / ***pambah*** /
orange	portakal rengi / ***pourtakhal ranghee*** /
yellow	sarı / ***sary*** /
black	siyah / ***seeyah*** /
turquoise	turkuaz / ***tourquaz*** /
green	yeşil / ***yasheel*** /
light	açık / ***achyk*** /
dark	koyu / ***coyou*** /

Material

leather	deri / ***dary*** /
silk	ipek / ***eepack*** /
velvet	kadife / ***kadeefah*** /
linen	keten / ***katan*** /
nylon	naylon / ***naylone*** /
cotton	pamuk / ***pumook*** /
suede	süet / ***sewhat*** /
wool	yün / ***yewn*** /

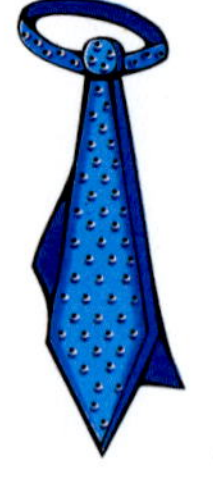

Size

Women's Clothes

U.S.A.	:	10	12	14	16	18
England	:	8	10	12	14	16
Turkey	:	36	38	40	42	44

Women's Shoes

U.S.A.	:	3	3.5	4	4.5	5	5.5
		6	6.5				
England	:	4.5	5	5.5	6	6.5	7
		7.5	8				
Turkey	:	35	36	37	37.5	38	38.5
		39	40				

Waist and Bust Size

Cm	:	71	76	80	87	91	97	102
		107	112					
Inch	:	28	30	32	34	36	38	40
		42	44					

AT A PHARMACY

I want something for a headache (a cold, ...).

Baş ağrısı (soğuk algınlığı, ...) için bir şey istiyorum.

Bosh aghrysee (soghook alghynleegee,...) eachyn bir shay eesteeyouroom.

Could you give me something for a cough (sunburn, ...)?

Öksürük (güneş yanığı, ...) için bir şey verir misiniz?

Ewksewrewk (ghewnash yanyghee,...) eachyn bir shay varir meeseeneeze?

Can I get it without a prescription?

Reçetesiz alabilir miyim?

Rachataseeze alabeeleer meeyeem?

Can you make up this prescription?

Bu reçeteyi hazırlar mısınız?

Boo rachatayee hazirlarhmeeseeniece?

How many do I take a day?

Günde kaç tane alayım?

Ghewndah cutch tanah alayeem?

How often do I take them?

Ne sıklıkta alayım?

Nah sycklyklah alayeem?

USEFUL WORDS

painkiller	ağrı kesici / *aghree kaseejeeh* /
antiseptic	antiseptik / *untisaptic* /
aspirin	aspirin / *uspirin* /
insecticide	böcek ilacı / *bewjack eelahjeh* /
eye drops	göz damlası / *gewz damlasee* /
pill	hap / *hup* /
cotton wool	hidrofil pamuk / *hidrofill pumook* /
medicine	ilaç / *iluch* /
laxative	müshil / *mewshill* /
cough syrup	öksürük şurubu / *ewksewrewk shoorooboo* /
plaster	plaster / *plustar* /
bandage	sargı bezi / *sarghy bazey* /
tablet	tablet / *tublat* /
sleeping pill	uyku hapı / *ooykoo hupy* /

AT A PERFUME SHOP

I'd like a deodorant.

Deodoran rica edecektim.

Daoudourun rejah adajackteem.

I'd like a deodorant for men/women.

Erkek (bayan) deodoranı istiyorum.

Arkeck (bayhan) daoudoruny eesteeyouroom.

Could I see a selection of perfume?

Parfüm çeşitlerinizi görebilir miyim?

Parfewn chashitlarheeneezy ghewrabeeleer meeyeem?

May I smell?

Koklayabilir miyim?

Cokelahyahbeeleer meeyeem?

May I try?

Deneyebilir miyim?

Danayabeeleer meeyeem?

Do you have suntan oil?

Güneş yağı satıyor musunuz?

Ghewnash yaghy suteeyour moosoonooze?

USEFUL WORDS

aftershave	tıraş kolonyası / *tirush coloneyahsee* /
disposable nappies	bebek bezi / *babak bazy* /
safety pins	çengelli iğne / *changhallee eeghnah* /
deodorant	deodoran / *daoudourun* /
toothbrush	diş fırçası / *dish fyrchasee* /
toothpaste	diş macunu / *dish mujoonooh* /
brush	fırça / *fyrchah* /
suntan cream	güneş kremi / *ghewnash cramy* /
suntan oil	güneş yağı / *ghewnash yaghy* /
razor blade	jilet / *jeelat* /
sanitary towels	kadın bağı / *kadyn bughy* /
contact lens cleaner	kontaklens silicisi / *contuctlanse seeleejeesy* /
cream	krem / *cram* /
perfume	parfüm / *parfewm* /
condom	prezervatif / *prazarvahtiff* /
soap	sabun / *sauboon* /
shampoo	şampuan / *shumpoohun* /
talc, talcum powder	talk pudrası / *talc poodrasy* /
tampons	tampon / *tumpone* /
comb	tarak / *turack* /
shaving cream	tıraş kremi / *tirush cramy* /
tissue	kâğıt mendil / *kugheet mandeel* /

AT A PHOTOGRAPHER'S

I need a film for this camera.
Bu fotoğraf makinesi için bir film istiyorum.
Boo photograph mackinasy eachyn bir film eesteeyouroom.

I want batteries for the flash.
Flaş için pil istiyorum.
Flush eachyn pill eesteeyouroom.

Do you print digital camera photographs?
Dijital fotoğraf makinası fotoğraflarını basıyor musunuz?
Dijitul photograph mackinasy photographlarheenee buseeyour moosoonooze?

How much is each print?
Her bir poz kaç para?
Har bir pose kach parah?

Can you develop this film?
Bu filmi banyo eder misiniz?
Boo filmeeh banyoh adar meeseeniece?

I want *2* prints of each picture.
Her pozdan *ikişer* tane istiyorum.
Har posedun eekeeshar tanah eesteeyouroom.

Can you take passport photos?
Vesikalık fotoğraf çekiyor musunuz?
Vaseekalyk photograph checkiyour moosoonooze?

I would like this print enlargened.
Bu resmi büyültmek istiyorum.
Boo rasmy bewyewltmack eesteeyouroom.

When will it be ready?
Ne zaman hazır olur?
Nah zaman hazeer ouloor?

USEFUL WORDS

develope	banyo etmek / *banyoh atmack* /
print	basmak / *busmuck* /
enlarge	büyültmek / *bewyewltmack* /
film	film / *film* /
flash	flaş / *flush* /
flash bulb	flaş ampulü / *flush umpooloo* /
photo, photograph	fotoğraf / *photograph* /
camera	fotoğraf makinesi / *photograph mackinasy* /
negative	negatif / *neghatiff* /
colour film	renkli film / *rankly film* /
black and white film	siyah-beyaz film / *seeyah-bayaz film* /
print	baskı / *busky* /
digital print	dijital baskı / *dijitul busky* /
digital camera	dijital fotoğraf makinası / *dijitul photograph mackynasy* /

6. HEALTH / SAĞLIK

- **AT A DOCTOR'S OFFICE** - DOKTORDA
  - **A. A Patient's Words** - Hastanın Sözleri
    - **General** - Genel
    - **In Case of an Accident** - Kaza Durumunda
    - **Complaints** - Şikâyetler
    - **Ache** - Ağrı
    - **Giving Personal Information** - Bilgi Verme
  - **B. A Doctor's Words** - Doktorun Sözleri
    - **Doctor's Examination** - Muayene
    - **Dosage** - Dozaj
    - **Recommendation** - Tavsiyeler
- **AT A DENTIST'S** - DİŞÇİDE
  - **A. A Patient's Words** - Hastanın Sözleri
    - **General** - Genel
    - **Complaints** - Şikâyetler
    - **While Leaving** - Ayrılırken
  - **B. A Dentist's Words** - Diş Doktorunun Sözleri
    - **Useful Words** - Konu İle İlgili Kelimeler
    - **Parts of the Body** - Vücudun Bölümleri
    - **Complaints** - Şikâyetler

AT A DOCTOR'S OFFICE

A. A PATIENT'S WORDS

GENERAL

I need a doctor.
Doktora ihtiyacım var.
Doctorah eehteeyajem varh.

I feel ill. / I feel terrible.
Hastayım. / Kendimi kötü hissediyorum.
Hastayeem. / Candeeme kewtewhissadeeyouroom.

Please call a doctor.
Lütfen doktor çağırın.
Lewtfan doctore chugheereen.

Is there a doctor who speaks English?
İngilizce bilen bir doktor var mı?
Engheeleezjah beelan bir doctore varh meh?

Can I have an appointment with the doctor?
Doktordan randevu alabilir miyim?
Doctoredun rundavoo alahbeeleer meeyeem?

Help!
İmdat!
Eemdut!

IN CASE OF AN ACCIDENT

There has been an accident.
Kaza oldu.
Kazah ouldoo.

Get a doctor. / Call a doctor
Doktor çağırın.
Doctore chugheereen.

Call an ambulance.
Ambulans çağırın.
Umbewlanse chugheereen.

I've cut myself. / I've cut my hand.
Kendimi kestim. / Elimi kestim.
Candymee casteem. / Aleemee casteem.

I have burned myself. / I've burned my hand.
Kendimi yaktım. / Elimi yaktım.
Candymee yacktym. / Aleemee yucktym.

I have had a fall / I feel dizzy.
Düştüm. / Başım dönüyor.
Dewshtewm. / Boshym durnewyour.

I have hurt my arm (leg, ...).
Kolumu (bacağımı, ...) incittim.
Couloomooh (bujagheemeeh,...) eenjeetteem.

I think I have broken my arm (leg, ...).
Sanırım kolumu (bacağımı, ...) kırdım.
Sunyreem couloomooh (bujagheemeh,...) kyrdym.

My ankle is swollen (broken, sprained).
Ayak bileğim şişti (kırıldı, burkuldu).
Uyack beelagheem shishtee (kyrildy, boorcooldooh).

He's unconscious. He's in shock.
Kendinde değil. Şokta.
Candeendah dagheel. Shocktah.

He is in pain.
Ağrısı var.
Ughrysy varh.

He has been seriously injured.
Ciddi bir şekilde yaralandı.
Jeeddeh bir shakildah yaralundy.

He has burned himself.
Kendini yaktı.
Candeeny yuckty.

He has hurt his arm (leg, ...).
Kolunu (bacağını, ...) incitti.
Couloonoo (bajagheeny,...) eenjeetty.

He has broken his arm (leg, ...).
Kolunu (bacağını, ...) kırdı.
Couloonoo (bajagheeny,...) kyrdy.

COMPLAINTS

I feel dizzy. / I have a headache.
Başım dönüyor. / Başım ağrıyor.
Boshym durnewyour. / Boshym ughreeyour.

I feel nauseous.
Midem bulanıyor.
Meedam booluneeyour.

My stomach is upset. / I have a stomachache.
Midem bozuk. / Midem ağrıyor.
Meedam bozook. / Meedam ughreeyour.

I feel tired.
Kendimi yorgun hissediyorum.
Candeemee yourgoon hissadeeyouroom.

I can't eat. I have a sore throat.
Yemek yiyemiyorum. Boğazım ağrıyor.
Yamack yeeyameeyouroom. Boghazym ughreeyour.

I can't sleep. I have a backache.
Uyuyamıyorum. Sırtım ağrıyor.
Ooyouyumeeyouroom. Syrteem ughreeyour.

I can't move. I ache all over.
Hareket edemiyorum. Her tarafım ağrıyor.
Hurakat adameeyouroom. Har turafeem ughreeyour.

I have a hedache (sore throat, ...).
Başım (boğazım, ...) ağrıyor.
Boshym (boghazym,...) ughreeyour.

I have a pain in my arm (the shoulder, ...).
Kolumda (omuzumda, ...) ağrı var.
Couloomdah (oumoozoomdah,...) ughree varh.

I am badly sunburnt. My back aches.
Güneşte ciddi bir şekilde yandım. Sırtım ağrıyor.
Gewnashtah jiddih bir shakildah yundym. Syrtym ughreeyour.

I have diarrhoea.
İshalim var.
Eesuleem varh.

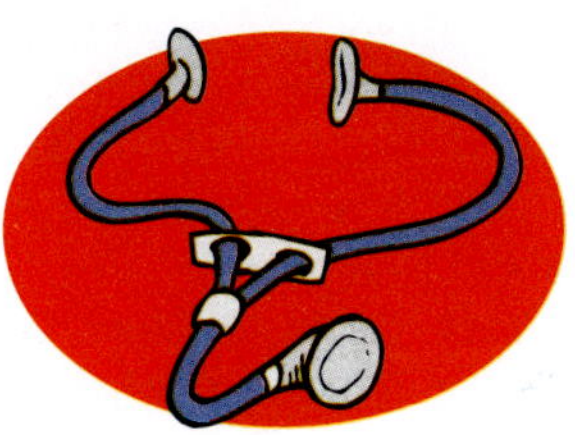

I am constipated.
Kabızım.
Cubyzeem.

I have low/high blood pressure.
Tansiyonum yüksek/düşük.
Tunseeyownoom yewksack/dewshewk.

ACHE

It hurts here.
Burası ağrıyor.
Boorasy ughreeyour.

It's on the right (left) side.
Sağ (sol) tarafta.
Sugh (sole) taraftah.

It's a dull pain.
Şiddetli bir ağrı.
Shiddatly bir ughry.

It hurts all the time.
Sürekli ağrıyor.
Sewraklee ughreeyour.

It hurts now and then.
Arada sırada ağrıyor.
Aradah syradah ughreeyour.

GIVING PERSONAL INFORMATION

I'm a diabetic.
Şeker hastasıyım.
Shakar hastaseeyeem.

I'm asthmatic.
Astımım var.
Astymem varh.

I have heart trouble. I've had a heart operation before.

Kalbim var. Daha önce kalp ameliyatı oldum.

Calbem varh. Dahah ewnjah calp amaleeyachty ouldoom.

I'm an epileptic.

Saralıyım.

Sarahleeyeem.

I'm pregnant. I'm pregnant for three months.

Hamileyim. Üç aylık hamileyim.

Humeelayeem. Ewch uyleek humeelayeem.

I'm allergic to penicillin (cortisone, ...).

Penisiline (kortizona, ...) alerjim var.

Pannyseelinah (courteezonah,...) alarjeem varh.

I am taking these drugs.

Bu ilaçları alıyorum.

Boo eeluchlaree aleeyouroom.

My blood group is ... .

Kan grubum ... .

Cun grouboom.

I don't know my blood group.

Kan grubumu bilmiyorum.

Cun grouboomoo beeleeyouroom.

B. A DOCTOR'S WORDS

DOCTOR'S EXAMINATION

Where does it hurt?
Nereniz ağrıyor?
Naraneeze ughreeyour?

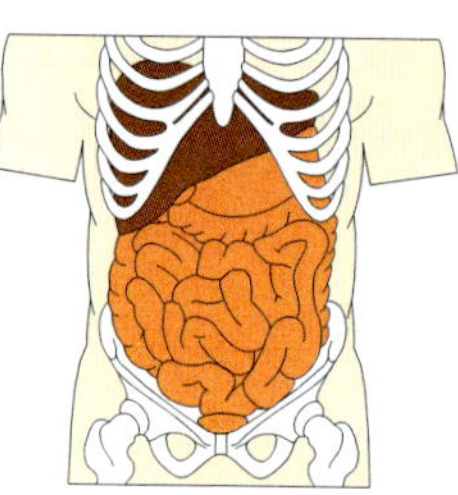

Does it hurt?
Acıyor mu?
Ajeeyour mooh?

How long does it hurt?
Ne zamandır ağrıyor?
Nah zamandyr ughreeyour?

Is it the first time you've had this?
İlk defa mı oluyor?
Eelk dafah meh oulooyour?

What treatment have you been having?
Nasıl bir tedavi görüyorsunuz?
Nasyl bir taduvee ghewrewyoursoonooze?

What medicine have you been taking?
Hangi ilaçları alıyordunuz?
Hunghee eeluchlarhy aleeyoursoonooze?

Please lie down here.
Şuraya uzanın.
Shoorayah oozahnyn.

Please take off your shirt (trousers, ...).
Gömleğinizi (pantolonunuzu, ...) çıkarın.
Ghurmlagheeneezy (puntolonoonoozoo,...) chykareen.

Open your mouth. I'll examine your throat.
Ağzınızı açın. Boğazınıza bakacağım.
Ughzeeneezy uchyn. Boghazeeneezah bukajugheem.

Say a big "A".
Ağzınızı büyükçe "A" diyerek açın.
Ughzeeneezy bewyewkchah "Aah" deeyarack achyn.

Breathe deeply. Go on breathing.
Derin nefes alın. Nefes alıp vermeye devam edin.
Dareen nafese aleen. Nafese aleep varmayah davum adeen.

Cough, please. / Cough once more, please.
Öksürün. / Bir kez daha öksürün.
Urksewrewn. / Bir kaze dahah urksewrewn.

I'm going to take your blood pressure
Tansiyonunuza bakacağım.
Tunseeyonoonoozah buckajugheem.

I'll give you an injection.
Size iğne yapacağım.
Seezah eeghnah yupajugheem.

I'll prescribe tranquilizer / soporific drug.
Size sakinleştirici / uyku hapı yazıyorum.
Seezah sukinlashteereejeeh / ooykoo hupy yazeeyouroom.

I'll prescribe *an antibiotic*.
Size *bir antibiyotik* yazacağım.
Seezah bir untibiyoutic yazajugheem.

I'll give you *an antiseptic*.
Size *bir antiseptik* vereceğim.
Seezah bir untisaptic varajagheem.

It's nothing to worry about.
Merak edecek bir şey yok.
Maruck adajack bir shay yoke.

DOSAGE

Take this once (twice, three times, ...) a day.
Bundan günde bir (iki, üç, ...) defa alın.
Boondun gewndah bir (eekee, ewch,...) dafah aleen.

In the mornings. / At noons.
Sabahları. / Öğlenleri.
Subahlarhy. / Ewghlanlary.

At night. / Before going to bed.
Geceleri. / Yatmadan önce.
Ghajalary. / Yachtmahdan ewnjah.

Before each meal.
Aç karnına (yemeklerden önce).
Uch karnynuh (yamacklardan ewnjah).

After each meal.
Tok karnına (yemeklerden sonra).
Toke karnynuh (yamacklardan sonerah).

RECOMMENDATION

You shouldn't drink. / Don't drink alcohol.
Alkol almayın.
Alchole almayeen.

Do not eat salt / sweet foods?
Tuzlu / Tatlı yiyecekler yemeyin.
Toozeloo / Tutly yeeyajacklar yamayeen.

You must rest for *a few* days./You must stay in bed.
Birkaç gün dinlenmelisiniz. / Yatmalısınız.
Birkuch gewn dinlanmaleeseeniece. / Yachtmalyseeniece.

AT A DENTIST'S

A. A PATIENT'S WORDS

GENERAL

Is there a dentist near here?
Buralarda bir yerde dişçi var mı?
Booralarhdah bir yardah dishcy varh meh?

Can you recommend a good dentist?
İyi bir dişçi tavsiye edebilir misiniz?
Eeyee bir dishchy tawseeyah adabeeleer meeseeniece?

Do you know a good dentist?
İyi bir dişçi tanıyor musunuz?
Eeyee bir dishchy tuneeyour moosoonooze?

I need to see the dentist.
Dişçiye gitmem gerek.
Discheeyah gheetmam gharack.

Can I have an appointment with the dentist?
Dişçiden randevu alabilir miyim?
Discheedan rundavoo alabeeleer meeyeem?

How much is a tooth extraction / tooth filling?
Diş çekme / Diş doldurma kaç para?
Disch checkmah / Disch douldoormah cutch parah?

COMPLAINTS

I have a toothache.
Dişim ağrıyor.
Dischim ughreeyour.

It's this one.
Bu dişim.
Boo dishim.

I've broken a tooth.
Dişimi kırdım.
Dishimy kyrdeem.

My dentures are broken.
Takma dişim kırıldı.
Tuckmah dishim kyrildy.

The filling has come out.
Dolgu düştü.
Doulgoo dewshtew.

My gums hurt.
Dişetim ağrıyor.
Dishateem ugreeyour.

* * *

Will you have to take it out?
Çekmeniz gerekecek mi?
Checkmaneeze gharackajack mee?

I don't want it extracted.
Çektirmek istemiyorum.
Checktirmack eestameeyouroom.

Are you going to fill it?

Dolgu mu yapacaksınız?

Doulgoo moo yapajackseeneeze?

Can you fill it now?

Dolguyu şimdi yapar mısınız?

Doulgooyou shimdee yapar meeseeneeze?

Do you recommend filling or extraction?

Dolgu mu yoksa diş çekimi mi önerirsiniz?

Doulgoo moo yokesuh dish checkeemee mee urnarirseeneeze?

WHILE LEAVING

When must I come again?

Bir daha ne zaman gelmem gerekiyor?

Bir dahah nah zaman ghalmam gharackeeyour?

When will it be ready?

Ne zaman hazır olur?

Nah zaman hazyr ouloor?

When am I going to eat and drink?

Ne zaman yemek yiyip içeceğim?

Nah zaman yamack yeeyeep eachajagheem?

B. A DENTIST'S WORDS

Open your mouth wide, please.
Ağzınızı iyice açın.
Ughzyneezy eeyeejah uchyn.

I'll have to take it out.
Çekmem gerekecek.
Checkmam gharackajack.

I must fill it.
Dolgu yapmam gerekiyor.
Doulgoo yapmum gharackeeyour.

You have an abscess.
Apse yapmış.
Upsah yapmish.

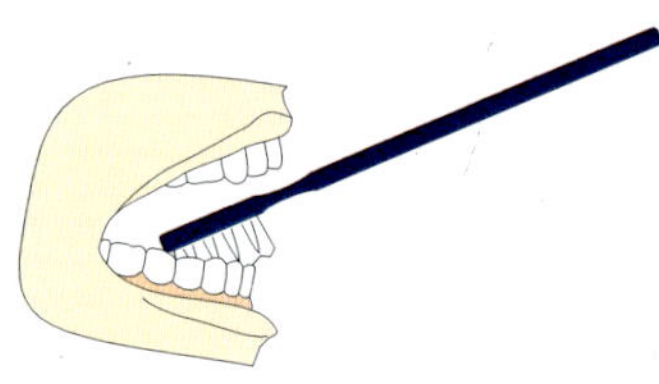

This will hurt a bit.
Birazcık acıyacak.
Beeruzjek ajeyajuck.

Rinse your mouth with this mouthwash.
Ağzınızı bu suyla çalkalayın.
Ughzyneezy booh sooyluh chulkalayeen.

Stay still.
Hiç kıpırdamayın.
Hitch kypeerdahmayeen.

USEFUL WORDS

Parts of the Body

mouth	ağız / *ugheez* /
foot	ayak / *ayuk* /
ankle	ayak bileği / *ayuk beelaghee* /
leg	bacak / *bajuck* /
head	baş / *bosh* /
wrist	bilek / *beelack* /
throat	boğaz / *boughaz* /
neck	boyun / *bouyoon* /
nose	burun / *booroone* /
skin	deri / *dary* /
tongue	dil / *deel* /
elbow	dirsek / *deersack* /
tooth	diş / *dish* /
knee	diz / *deez* /
lip	dudak / *dooduck* /
hand	el / *al* /
chest, breast	göğüs / *ghewghews* /
eye	göz / *gewz* /
rib	kaburga kemiği / *cuboorghah cameeghee* /
hip	kalça / *culchah* /
heart	kalp / *culp* /
blood	kan / *cun* /
bone	kemik / *kameek* /
arm	kol / *cole* /
ear	kulak / *cooluck* /
stomach	mide / *meedah* /
spine	omurga / *oumoorguh* /
shoulder	omuz / *oumooze* /

finger	parmak / *parmuck* /
back	sırt / *syrt* /
heel	topuk / *toupook* /
thigh	uyluk / *ooylook* /
face	yüz / *yewz* /

Complaints

pain	ağrı / *ughree* /
anaemia	anemi / *anamee* /
abscess	apse / *upsah* /
asthma	astım / *ustym* /
fever	ateş / *uhtash* /
headache	baş ağrısı / *bosh ughreesee* /
dizziness	baş dönmesi / *bosh durnmasy* /
sore throat	boğaz ağrısı / *boghaz ughreesee* /
whooping cough	boğmaca / *boghmajah* /
nausea	bulantı / *boolunty* /
influenza	grip / *grip* /
sunburn	güneş yanığı / *ghewnash yuneeghee* /
indigestion	hazımsızlık / *huzeemseezleek* /
haemorrhoids	hemoroit / *hemouroit* /
inflammation	iltihap / *eelteehup* /
diarrhoea	ishal / *eeshul* /
constipation	kabızlık / *cubeezlyk* /
heart condition	kalp hastalığı / *culp hustahleehee* /
cut	kesik / *caseek* /
cramp	kramp / *crump* /
earache	kulak ağrısı / *cooluck ughreesee* /

stomachache	mide ağrısı / *meedah ughreesee* /
migraine	migren / *meegran* /
rheumatism	romatizma / *roumateezmuh* /
hay fever	saman nezlesi / *suman nazlasy* /
backache	sırt ağrısı / *surt ughreesy* /
cold	soğuk algınlığı / *soughook algheenleeghee* /
diabetes	şeker hastalığı / *shakar hastuleeghee* /
ulcer	ülser / *ewlsar* /
burn	yanık / *yuneek* /
travel sickness	yol tutması / *yole tootmasy* /
poisoning	zehirlenme / *zaheerlanmeh* /

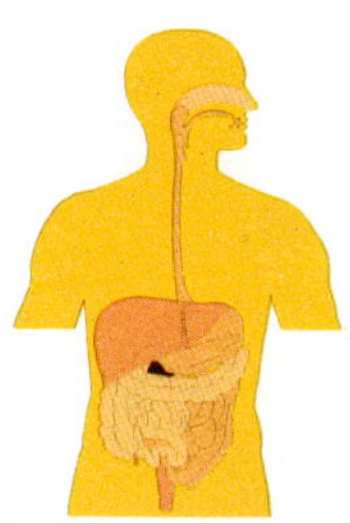

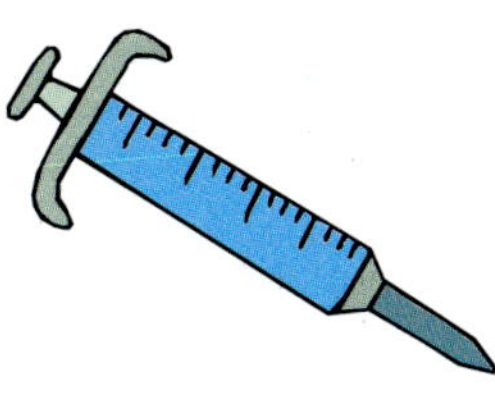

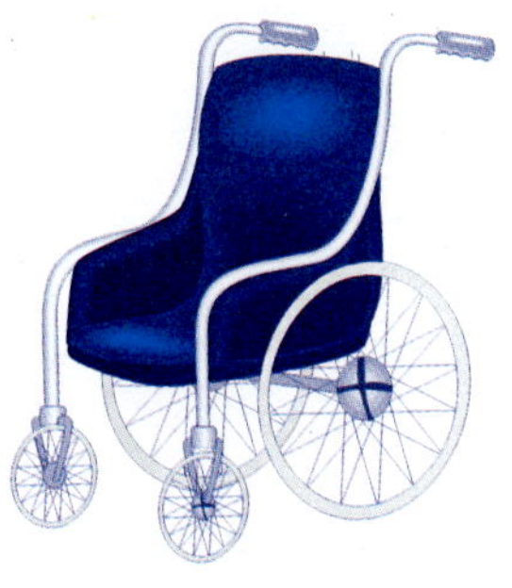

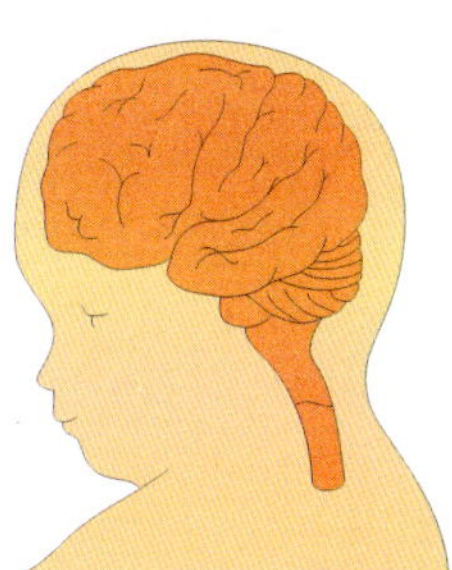

CAR PARK

7. A RIDE IN A CAR

A. Driver's Words - Sürücünün Sözleri

- **Parking** - Park Etme
- **At a Filling Station** - Benzincide
- **Breakdown** - Arızalar (Genel)
- **At a Garage (Mechanic's)** - Tamirhanede

B. A Mechanic's Words - Tamircinin Sözleri

- **Useful Words** - Konu İle İlgili Kelimeler

A. A DRIVER'S WORDS

PARKING

Where can I park?
Nereye park edebilirim?
Nareyah park adebeeleereem?

Can I park here?
Buraya park edebilir miyim?
Boorayah park adebeeleer meeyeem?

How long can I park here?
Burada ne kadar kalabilirim?
Booradah nah kadar kalabeeleereem?

Is there a car park near here?
Buralarda bir yerde otopark var mı?
Booralardah bir yerdah autopark varh meh?

What time does the car park close?
Otopark ne zaman kapanıyor?
Autopark nah zaman cupaneeyour?

How long can I leave the car here?
Burada arabayı ne kadar zaman bırakabilirim?
Booradah arabayee nah kadar zaman byruckabeeleereem?

How much does it cost per hour?
Saatliği ne kadar?
Sahatleeghee nah kadar?

AT A FILLING STATION

15 litres of regular.
15 litre normal.
15 litrah normal.

15 litres of super.
15 litre süper.
15 litrah sewpar.

15 litres of diesel fuel.
15 litre dizel.
15 litrah deezal.

50 liras' worth, please?
Elli liralık, lütfen.
Allee liralyk lewtfan.

Fill her up, please.
Depoyu doldurun, lüften.
Dapoyou douldooroone, lewtfan.

Check the oil (water, battery, tyre pressure).
Yağını (suyunu, aküyü, lastik basıncını) kontrol edin.
Yughynee (sooyounoo, acewyew, lusteek buseenjeeny) countrol adeen.

Can you charge the battery?
Aküyü doldurur musunuz?
Acewyew douldooroor moosoonooze?

Can you change this tyre?
Bu lastiği değiştirir misiniz?
Booh lusteeghee dagheeshteerir meeseeniece?

Can you change the oil?
Yağı değiştirir misiniz?
Yughee dagheeshteerir meeseeniece?

I want some distilled water.
Saf su istiyorum.
Suf soo eesteeyouroom.

Can you clean the windscreen?
Ön camı siler misiniz?
Ewn jumy seelair meeseeniece?

Is there a lavatory here?
Burda tuvalet var mı?
Boordah toovalet varh meh?

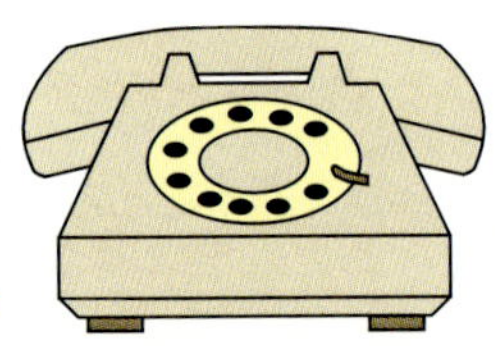

Is there a telephone here?
Burda telefon var mı?
Boordah telephone varh meh?

BREAKDOWN

My car has broken down.
Arabam bozuldu.
Arabum bouzooldoo.

My car does not start.
Arabam çalışmıyor.
Arabum boùzooldoo.

I've run out of petrol.
Benzinim bitti.
Banzeeneem bitty.

Where is the nearest garage?
En yakın tamirhane nerede?
An yukeen tumirhaneh naredeh?

Can you send a mechanic?
Bir usta gönderir misiniz?
Bir oostuh gurndarir meeseeneice?

Could you send a breakdown van?
Kurtarıcı (çekici) gönderir misiniz?
Coortureejeh (checkijeh) gewndarir meeseeniece?

Could you give me a tow?
Beni çeker misiniz?
Bany checkar meeseeniece?

Could you give me a push?
Biraz iter misiniz?
Beeruzh etar meeseeniece?

AT A GARAGE (MECHANIC'S)

I have a flat tyre.
Lastik patladı.
Lusteek potladee.

The battery is dead.
Akü boş.
Acew bosh.

The engine is overheating.
Motor hararet yapıyor.
Moutor hurahrat yapeeyour.

I have blown a fuse.
Sigorta attı.
Seeghortuh utty.

I have lost the ignition key.
Kontak anahtarını kaybettim.
Conetack anahtareenee kaybetteem.

The windscreen wipers aren't working.
Silecekler çalışmıyor.
Seelajacklar chalishmeeyour.

The engine is stalling.
Motor stop ediyor.
Moutor stoup adeeyour.

There is a leak in the radiator.
Radyatör su sızdırıyor.
Rudyahtewr soo syzdeereeyour.

Can you replace *the fan belt?*
Vantilatör kayışını değiştirir misiniz?
Vunteelahtewr kayeesheenee dagheeshteerir meeseeniece?

There's something wrong with the *hand brake.*
El freni bozuk.
El frany bouzook.

Can you find the trouble?
Arızayı bulabilir misiniz?
Areezayı boolahbeeleer meeseeniece?

Do you have the spare parts?
Sizde yedek parçalar var mı?
Seezdah yadak parchalarh varh meh?

How long will it take to repair it?
Tamiri ne kadar sürer?
Tumeeree nah kadar sewrar?

How much do you think it will cost?
Sizce kaç para tutacak?
Seezjah kuch parah tootajuck?

B. A MECHANIC'S WORDS

The *air filter* needs to be replaced.
Hava filtresi değişmesi gerekli.
Havah filtrahsy dagheeshmasy gharacklee.

I have to replace the *exhaust pipe.*
Egzozu değiştirmem gerek.
Egzouzoo dagheeshtirmam gharack.

It'll be ready in an hour.
Bir saate kadar hazır olur.
Bir sahatah kadar hazyr ouloor.

It'll be ready in two (three, ...) hours.
İki (üç, ...) saate kadar hazır olur.
Eekee (ewch,...) sahatah kadar hazyr ouloor.

There's something wrong with the ignition cables?
Ateşleme kabloları ile ilgili bir sorun var.
Atashlamah cabloularhy ela eelghelee bir souroon varh?

USEFUL WORDS

battery	akü / *acew* /
shock absorber	amortisör / *amourtisewr* /
petrol filter	benzin filtresi / *banzeen filtrahsee* /
petrol pump	benzin pompası / *banzeen pompasy* /
spark plug	buji / *boojie* /
joint	conta / *jountuh* /
clutch	debriyaj / *dabriyaj* /
clutch pedal	debriyaj pedalı / *dabriyaj padaly* /
dynamo	dinamo / *dinamou* /
driving wheel	direksiyon / *diracksiyone* /
steering column	direksiyon mili / *diracksiyone meelee* /
distributor	distribütör / *distribewtur* /
exhaust	ekzoz / *egzoze* /
camshaft	eksantrik mili / *aksantrick meelee* /
seatbelt	emniyet kemeri / *amniyat kamery* /
ignition coil	endüksiyon bobini / *andyuksiyone bobini* /
injection pump	enjeksiyon pompası / *anjecksiyone pompasy* /
headlight	far / *far* /
filter	filtre / *filtrah* /
brake	fren / *fran* /
brake drum	fren kampanası / *fran cumpanasy* /
brake shoes	fren pabuçları / *fran puboochlarhy* /
accelerator	gaz pedalı / *guz padaly* /
air filter	hava filtresi / *havah filtrahsy* /
cable	kablo / *cublou* /
carburettor	karbüratör / *carbyuratur* /
crankcase	karter / *carter* /
horn	klakson / *claksone* /
contact	kontak / *countuck* /
crankshaft	krank mili / *crunk meelee* /

condenser	kondansatör / *conedunsateur* /
tyre	lastik / *lustic* /
starter motor	marş motoru / *marsh moutooroo* /
engine	motor / *moutor* /
cylinder block	motor gövdesi / *moutor gewdashsy* /
automatic transmission	otomatik vites / *automatic veetas* /
piston	piston / *pistone* /
numberplate	plaka / *placah* /
points	platin / *plateen* /
pump	pompa / *pompah* /
radiator	radyatör / *radyahteur* /
shaft	şaft / *shuft* /
float	şamandıra / *shumandeerah* /
gearbox	şanzıman / *shanzymun* /
piston ring	segman / *sagmun* /
dimmer	selektör / *salackteur* /
wipers	silecekler / *seelajacklarh* /
cylinder	silindir / *seeleendeer* /
indicator	sinyal / *seenyael* /
cooling system	soğutma tertibatı / *soghootmah tarteebatee* /
valve	subap / *soobup* /
suspension	süspansiyon / *sewspunseeyone* /
bumper	tampon / *tumpone* /
wheel	tekerlek / *takarlack* /
thermostat	termostat / *tarmostat* /
fan	vantilatör / *vuntilateur* /
fan belt	vantilatör kayışı / *vuntilateur kayeeshee* /
oil filter	yağ filtresi / *yagh filtrahsy* /
oil pump	yağ pompası / *yagh pompasy* /
bearing	yatak / *yatuck* /
spring	yay / *yay* /

8. NUMBERS

- **Cardinal Numbers** - Asal Sayılar
- **Ordinal Numbers** - Sıra Sayıları
- **Calendar** - Takvim
- **Seasons** - Mevsimler
- **Months** - Aylar
- **Days** - Günler
- **Countries, Nationalities and Languages** - Ülkeler, Milliyetler ve Diller
- **Pronouns** - Zamirler
- **Possessive Adjectives** - İyelik Sıfatları

CARDINAL NUMBERS

1	one	bir / *bir* /
2	two	iki / *eekee* /
3	three	üç / *ewch* /
4	four	dört / *dirt* /
5	five	beş / *bash* /
6	six	altı / *ultee* /
7	seven	yedi / *yadee* /
8	eight	sekiz / *sakeez* /
9	nine	dokuz / *doukooze* /
10	ten	on / *on* /
11	eleven	on bir / *on bir* /
12	twelve	on iki / *on eekee* /
13	thirteen	on üç / *on ewch* /
14	fourteen	on dört / *on dirt* /
15	fifteen	on beş / *on bash* /
16	sixteen	on altı / *on ultee* /
17	seventeen	on yedi / *on yadee* /
18	eighteen	on sekiz / *on sakeez* /
19	nineteen	on dokuz / *on doukooze* /
20	twenty	yirmi / *yeermie* /
21	twenty-one	yirmi bir / *yeermie bir* /
22	twenty-two	yirmi iki / *yeermie eekee* /
30	thirty	otuz / *outooze* /
40	forty	kırk / *kyrk* /
50	fifty	elli / *allee* /
60	sixty	altmış / *ultmish* /
70	seventy	yetmiş / *yatmish* /
80	eighty	seksen / *saksan* /
90	ninety	doksan / *douksun* /

100	**one hundred**	yüz / *yewz /*
200	**two hundred**	iki yüz / *eekee yewz /*
1.000	**one thousand**	bin / *bin /*
1.000.000	**one million**	bir milyon / *milyown /*

The numeric system in Turkish is completely the same as the numeric system in English. They have the same logic in expressing numbers. The only small difference is that there is not "and" in expressing hundred numbers. The word "and" is also optional in English.

twenty = yirmi
twenty-one = yirmi bir
twenty-two = yirmi iki
twenty-three = yirmi üç

thirty-two = otuz iki
thirty-five = otuz beş
forty-nine = kırk dokuz
eighty-seven = seksen yedi

one hundred = yüz
two hundred = iki yüz
four hundred = dört yüz

one thousand = bin
two thousand = iki bin
ten thousand = on bin

one hundred	= yüz
one hundred and one	= yüz bir
one hundred and twelve	= yüz on iki
one hundred and eighty four	= yüz seksen dört
one thousand, one hundred and forty	= bin iki yüz kırk
two thousand, five hundred	= iki bin beş yüz

ORDINAL NUMBERS

first	birinci / *bireenjeh* /	**1st**
second	ikinci / *eekeenjeh* /	**2nd**
third	üçüncü / *ewchewnjewh* /	**3rd**
fourth	dördüncü / *durdewnjewh* /	**4th**
fifth	beşinci / *bashinjeh* /	**5th**
sixth	altıncı / *ulteenjeh* /	**6th**
seventh	yedinci / *yadeenjeh* /	**7th**
eighth	sekizinci / *sakeezynjeh* /	**8th**
ninth	dokuzuncu / *doukoozonjooh* /	**9th**
tenth	onuncu / *ounoonjooh* /	**10th**
eleventh	11'inci / *ounbireenjeh* /	**11th**
twelfth	12'nci / *ouneekeenjeh* /	**12th**
thirteenth	13'üncü / *ounewchewnjewh* /	**13th**
fourteenth	14'üncü / *oundurdewnjewh* /	**14th**
fifteenth	15'inci / *ounbashinjeh* /	**15th**
sixteenth	16'ncı / *ounulteenjeh* /	**16th**
seventeenth	17'nci / *ounyadeenjeh* /	**17th**
eighteenth	18'inci / *ounsakeezynjeh* /	**18th**
nineteenth	19'uncu / *oundoukoozonjooh* /	**19th**
twentieth	20'nci / *yeermienjeh*	**20th**

thirtieth	30'uncu / *outoozoonjooh* /	**30th**
fortieth	40'ıncı / *kyrkynjeh* /	**40th**
fiftieth	50'nci / *alleenjeh* /	**50th**
sixtieth	60'ıncı / *ultmishinjeh* /	**60th**
seventieth	70'inci / *yatmishinjeh* /	**70th**
eightieth	80'inci / *saksaninjeh* /	**80th**
ninetieth	90'ıncı / *douksuninjeh* /	**90th**
one hundredth	100'üncü / *yewzewnjewh* /	**100th**

In Turkish, numbers take the suffixes "inci, ıncı, üncü, uncu" at the end of the numbers to express ordinal numbers.

The ordinal numbers in Turkish have the same logic with the ordinal numbers in English.

twentieth	= yirminci
twenty first	= yirmi birinci
twenty second	= yirmi ikinci
twenty seventh	= yirmi yedinci
thirty fifth	= otuz beşinci
forty third	= kırk üçüncü
ninety ninth	= doksan dokuzuncu

CALENDAR

Seasons

spring	ilkbahar / ***ilkbahar*** /
summer	yaz / ***yaz*** /
autumn	sonbahar / ***sonebahar*** /
winter	kış / ***kysh*** /

Months

January	ocak / ***oujuck*** /
February	şubat / ***shoobut*** /
March	mart / ***murt*** /
April	nisan / ***neesun*** /
May	mayıs / ***mayes*** /
June	haziran / ***hazyrun*** /
July	temmuz / ***tammooze*** /
August	ağustos / ***augoostose*** /
September	eylül / ***aylewl*** /
October	ekim / ***akeem*** /
November	kasım / ***casym*** /
December	aralık / ***aralyk*** /

Days

Sunday	pazar / *pazar* /
Monday	pazartesi / *pazartasy* /
Tuesday	salı / *saleh* /
Wednesday	çarşamba / *charshumbuh* /
Thursday	perşembe / *parshambah* /
Friday	cuma / *joomuh* /
Saturday	cumartesi / *joomartasy* /

Examples:

What's today?
Bugün ne?
Booghewn nah?

It is Sunday.
Pazar.
Pazar.

What day is it now?
Bugün günlerden ne?
Booghewn gewnlardan nah?

It is Sunday.
Pazar.
Pazar.

What month is it now?
Şimdi hangi aydayız?
Shimdee hunghee aydayeez?

It is May.
Mayıs ayındayız.
Mayes ayeendayeez.

A: When is the concert?
Konser ne zaman?
Conesar nah zaman?

B: It is on Sunday.
Pazar günü.
Pazar ghewnew.

A: What time is the concert?
Konser saat kaçta?
Conesar sahat kuchtah?

B: It's at eight in the evening.
Akşam saat sekizde.
Ackshum sahat sakeezdah.

COUNTRIES, NATIONALITIES AND LANGUAGES

Country Ülke	Nationality / Language Milliyet / Dil
Afghanistan	**Afghan**
Afganistan / *Afghanistan* /	Afganlı / *Afghunly* /
Australia	**Australian**
Avustralya / *Avoostralyah* /	Avustralyalı / *Avoostralyaly* /
Austria	**Austrian**
Avusturya / *Avoostooryah* /	Avusturyalı / *Avoostooryaly* /
Belgium	**Belgian**
Belçika / *Balchikah* /	Belçikalı / *Balchikaly* /
Brazil	***Brazilian***
Brezilya / *Brazilyah* /	Brezilyalı / *Brazilyahly* /
Bulgaria	**Bulgarian**
Bulgaristan / *Boolgharistan* /	Bulgar (Bulgarca) *Boolghar (Bulgharjuh)* /
Canada	**Canadian**
Kanada / *Canadah* /	Kanadalı / *Canadahly* /

China	**Chinese**
Çin / ***Chin*** /	Çinli (Çince) / ***Chinly (Chinjah)*** /
Cyprus	**Cypriot**
Kıbrıs / ***Kibrys*** /	Kıbrıslı / ***Kibrysly*** /
Denmark	**Danish**
Danimarka / ***Dunimarkah*** /	Danimarkalı / ***Dunimarkahly*** /
Egypt	**Egyptian**
Mısır / ***Misyr*** /	Mısırlı / ***Misyrly*** /
England	**English**
İngiltere / ***Enghiltareh*** /	İngiliz (İngilizce) /***Engheeleezjah*** /
(Federation of) Russia	**Russian**
Rusya (Federasyonu) / ***Roosyah (Fadarausyownoo)*** /	Rusyalı (Rusça) /***Roosyahly (Rooscha)*** /
Finland	**Finn (Finnish)**
Finlandiya / ***Finlandiyah*** /	Finli (Fince) / ***Finly*** /
France	**French**
Fransa / ***Fransah*** /	Fransız (Fransızca) / ***Fransieze. (Fransyzjah)*** /
Georgia	**Georgian**
Gürcistan / ***Gewrjistan*** /	Gürcü (Gürcüce) / ***Gewrjew (Gewrjewjah)*** /

Germany	**German**
Almanya / ***Almanyah*** /	Alman (Almanca) / ***Alman (Almanjah)*** /
Greece	**Greek**
Yunanistan / ***Yoonanistan*** /	Yunan (Yunanca) / ***Yoonan (Yoonanjah)*** /
Holland	**Dutch**
Hollanda / ***Hollandah*** /	Hollandalı (Felemenkçe) / ***Hollandahly (Falamankcha)*** /
Hungary	**Hungarian**
Macaristan / ***Majaristan*** /	Macar (Macarca) / ***Majar (Majarjah)*** /
India	**Indian**
Hindistan / ***Hindistan*** /	Hintli / ***Hintly*** /
Ireland	**Irish**
İrlanda / ***İrlandah*** /	İrlandalı / ***İrlandaly*** /
Italy	**Italian**
İtalya / ***İtalyah*** /	İtalyan (İtalyanca) / ***İtalyaun (İtalyaunjah)*** /
Japan	**Japanese**
Japonya / ***Japounyah*** /	Japon (Japonca) / ***Japone (Japonjah)*** /
Korea	**Korean**
Kore / ***Korah*** /	Koreli / ***Korahly*** /

Mexico	**Mexican**
Meksika / *Macksykah* /	Meksikalı / *Macksikahly* /
Norway	**Norwegian**
Norveç / *Norvach* /	Norveçli (Norveççe) / *Norvachly (Norvachcha)* /
Pakistan	**Pakistani**
Pakistan / *Pakistan* /	Pakistanlı / *Pakistanly* /
Portugal	**Portuguese**
Portekiz / *Pourtakeez* /	Portekizli (Portekizce) / *Pourtakeezly (Pourtakeezjah)* /
Romania	**Romanian**
Romanya / *Roumanyah* /	Romanyalı (Romence) / *Roumanyahly (Romanjah)* /
Scotland	**Scottish**
İskoçya / *İskochyah* /	İskoç / *İskoch* /
Spain	**Spanish**
İspanya / *İspanyah* /	İspanyol (İspanyolca) / *İspanyole (İspanyolejah)* /
Sweden	**Swedish**
İsveç / *İsvach* /	İsveçli (İsveççe) / *İsvachhly (İsvachcha)* /
Switzerland	**Swiss**
İsviçre / *İsveechrah* /	İsviçreli / *İsveechrahly* /

Turkey	Turkish
Türkiye / *Tewrkiyah* /	Türk (Türkçe) / *Tewrk (Tewrkcha)* /
Ukraine	**Ukrainian**
Ukrayna / *Ookraiynah* /	Ukraynalı (Ukraynaca) / *Ookraiynahly Ookrainahjah* /
United States of America	**American**
Amerika Birleşik Devletleri	Amerikan
/ *Amarica Birlashick Davlatlary* /	/ *American* /
Yugoslavia	**Yugoslavian**
Yugoslavya	Yugoslav
/ *Youghoslawyah* /	/ *Youghoslav* /

Pronouns

I	Ben	/ ben /
You	Sen	/ san /
He	O	/ ou /
She	O	/ ou /
It	O	/ ou /
We	Biz	/ beeze /
You	Siz	/ seeze /
They	Onlar	/ onlarh /

Possessive Adjectives

My	Benim	/ beneem /
Your	Senin	/ saneen /
His	Onun	/ ounoon /
Her	Onun	/ ounoon /
Its	Onun	/ ounoon /
Our	Bizim	/ beezeem /
Your	Sizin	/ sazeen /
Their	Onların	/ onlarheen /

ENGLISH - TURKISH DICTIONARY

A, a

a bir

about hakkında; aşağı yukarı

above yukarıda, yukarı

abroad yurtdışına, yurtdışında

absent yok

absorbent cotton pamuk

accelerator gaz pedalı

accept kabul etmek

accident kaza

accommodation kalacak yer; konaklama

according to göre

account hesap

across karşıdan karşıya

act hareket etmek, davranmak

actor (erkek) oyuncu

actress (kadın) oyuncu

actual gerçek

add eklemek, katmak

address adres

admire hayran olmak

admission giriş; giriş ücreti

admission fee giriş ücreti

admit kabul etmek

advantage avantaj, yarar

adventure serüven, macera

advertisement ilan; reklam

aeroplane uçak

affair mesele, iş

afford gücü yetmek

afraid korkar, korkmuş

after sonra; arkasından

afternoon öğleden sonra

aftershave aftırşeyv

again tekrar, yeniden

against karşı

age yaş; devir

agency acente, büro

agent acente

ago önce

agree aynı fikirde olmak; kabul etmek

agriculture tarım

ahead önde, ileride

aim amaç; niyetinde olmak

air hava

air hostess hostes

air ticket uçak bileti

airplane uçak

airport havaalanı

à la carte alakart

alcohol alkol

alike benzer

all bütün, hepsi

allow izin vermek

almond badem

almost hemen hemen

alone tek başına, yalnız

along boyunca

aloud yüksek sesle

already daha şimdiden, çoktan, bile

also de, da; hem de

although her ne kadar, ise de

altogether tamamen

always her zaman, daima

ambassador büyükelçi

ambulance ambulans

among arasında

amount miktar, tutar

amuse güldürmek, eğlendirmek

amusement eğlence

amusement park lunapark

anchovy ançüez

ancient çok eski

and ve

angry kızgın, öfkeli

animal hayvan

ankle ayak bileği

annoy rahatsız etmek

anorak anorak

another başka bir; başka

answer cevap, yanıt; cevap vermek, yanıtlamak

any hiç

anybody birisi, bir kimse

anything herhangi bir şey

anywhere herhangi bir yere, herhangi bir yerde

apologize özür dilemek

apology özür

appear görünmek

appearance görünüş

apple elma

application başvuru

apply başvurmak

appointment randevu

argue tartışmak

arise yükselmek; doğmak

arm kol

army ordu

around etrafında, çevresinde

arrange düzenlemek; ayarlamak; kararlaştırmak

arrangement düzenleme

arrest tutuklamak

arrive varmak, gelmek

arrival varış

arrow ok

art sanat

artist ressam; sanatçı

article artikel; makale

artificial yapay, suni

as dolayı, için; iken; gibi; olarak

ashtray küllük, kül tablası

ask sormak; rica etmek, istemek

asleep uykuda

association dernek, birlik

astonish şaşırtmak

at -de, -da

attack saldırı; saldırmak

attend devam etmek, gitmek

attention dikkat

attract çekmek, cezbetmek

audience izleyiciler, dinleyiciler

aunt hala, teyze

autumn sonbahar

avenue bulvar

average ortalama

avoid kaçınmak

awake uyanık

away uzak

ax balta

B, b

baby bebek
back geri; sırt, arka
bad kötü
bag torba
baggage bagaj
bake fırında pişirmek
balance denge
ball top
bank banka
bar bar
barber berber
bargain pazarlık etmek
basic temel, esas
basket sepet
bath banyo
bathe yıkanmak
be olmak
bean fasulye
beard sakal
beat dövmek, vurmak
beauty güzellik
beautiful güzel
because çünkü
become olmak
bed yatak
bedroom yatak odası
before önce
begin başlamak
behave davranmak
behavlour davranış
behind arkasında, gerisinde
believe inanmak
bell zil
belong ait olmak
below aşağı, aşağıda; aşağısında, altında
belt kemer, kayış
beneath altında
beside yanına, yanında
best en iyi
better daha iyi
between arasında, arasına
beyond ötesinde, ötesine
bicycle bisiklet
big büyük
bill hesap
bird kuş
birth doğum
bite ısırmak
bitter acı, keskin
black siyah
blame ayıplamak
blind kör
blood kan
bloody Allahın cezası
bleed kanamak
blow esmek; üflemek
blue mavi
boarding house pansiyon
boast övünmek

boat gemi; sandal

body vücut, beden

boil kaynamak; kaynatmak

bold cesur; küstah

bone kemik

book kitap; yer ayırtmak

border sınır

borrow ödünç almak

both her ikisi (de)

bottle şişe

bottom dip

boundary sınır

bowl çanak, kâse

box kutu

boy erkek çocuk, oğlan

brain beyin

branch dal

brass pirinç

brave cesur

bread ekmek

breadth en, genişlik

break kırmak; kırılmak

breakfast kahvaltı

breathe solumak, nefes almak

brick tuğla

bridge köprü

bright parlak

bring getirmek

broad geniş

broadcast yayınlamak

brother erkek kardeş

brown kahverengi

brush fırça; fırçalamak

bucket kova

build inşa etmek, yapmak

burn yakmak; yanmak

burst patlamak

bury gömmek

bus otobüs

bush çalı

business iş

busy meşgul

but ama, fakat

butter tereyağı

button düğme

buy satın almak

by tarafından; yanında

C, c

cake pasta, kek

calculate hesaplamak

call çağırmak, bağırmak; telefon etmek

camera fotoğraf makinası

camp kamp kurmak

can -ebilmek, -abilmek; teneke kutu

canal kanal

cap başlık; kapak

capital başkent; büyük harf; sermaye

captain kaptan

car otomobil

card oyun kâğıdı, kart

care kaygı; dikkat, özen; aldırmak, ilgi duymak

careful dikkatli

carriage araba; vagon; nakliye

carry taşımak

cart at arabası

castle kale, şato

cat kedi

catch yakalamak, tutmak; yetişmek

cause neden; amaç; neden olmak

cave mağara

cent sent, doların yüzde biri

centre merkez

century yüzyıl

ceremony tören

chain zincir

chair sandalye

change değiştirmek; değişmek; değiştirme, değişiklik; bozuk para

character karakter, kişilik

charge (fiyat) istemek

cheap ucuz

cheat hile, dolap; dolandırmak, aldatmak

check kontrol etmek, denetlemek

cheer neşelendirmek; alkışlamak

cheese peynir

cheque çek

chest göğüs

chicken piliç, tavuk

chief amir, şef

child çocuk
choice seçme, seçim
choose seçmek
Christmas Noel
church kilise
city şehir
civilization uygarlık
civilize uygarlaştırmak
claim iddia etmek; hak talep etmek
class sınıf; çeşit; ders
clean temiz, pak; boş
clear açık, aydınlık; duru
clever akıllı
cliff uçurum
climb tırmanmak
clock masa saati
close yakın; aslına uygun
close kapatmak; kapanmak
cloth kumaş; bez
clothes elbise, giysi
cloud bulut
cloudy bulutlu
club kulüp, dernek
coast sahil, kıyı
coat ceket, palto
coffee kahve
coin madeni para
cold soğuk; soğuk algınlığı
collar yaka
collect toplamak, biriktirmek
collection toplama; koleksiyon
college üniversite, yüksekokul
colour renk; boya
comb tarak; taramak
combine birleştirmek; birleşmek
come gelmek
comfort rahatlık; konfor
comfortable rahat; konforlu
commerce ticaret
commercial ticari
common ortak, genel
companion arkadaş, yoldaş
company arkadaşlık; şirket
compare karşılaştırmak
competition rekabet; yarışma
competitor rakip; yarışmacı
complain şikâyet etmek
complaint şikâyet
computer bilgisayar
concern ilgilendirmek, ilişiği olmak
condition durum, şart, koşul
confidence güven; gizlilik
confident emin

confuse karıştırmak; şaşırtmak
congratulate kutlamak
connect birleştirmek, bağlamak
connection bağlantı; ilgi
consider düşünüp taşınmak; gözüyle bakmak
contain içermek, kapsamak
content memnun, hoşnut
continue : devam etmek
control kontrol, denetim; kontrol etmek, denetlemek
convenience uygunluk, elverişlilik
convenient uygun, elverişli
conversation konuşma
cook pişmek; pişirmek; aşçı
cool serin
copper bakır
copy kopya, suret; kopya etmek
corn tahıl, buğday; mısır
corner köşe
correct doğru, hatasız; düzeltmek
cost fiyat, eder, değer; mal olmak
cottage kulübe
cotton pamuk
cough öksürük; öksürmek
count saymak
country ülke; yurt; kırsal kesim
course yön; pist; kurs, ders
court avlu; kort; mahkeme
cousin kuzen
cover örtmek, kaplamak; içine almak
cow inek
cream krem, kaymak
cross çapraz işareti; haç; karşıdan karşıya geçmek
crowd kalabalık; toplanmak, birikmek
cry bağırmak, ağlamak
cup fincan; kupa
cupboard dolap
cure tedavi etmek; tedavi
current güncel, şimdiki
curtain perde
cushion yastık
custom gelenek, görenek
customer müşteri
cut kesmek

D, d

daily günlük
damage zarar, hasar
dance dans etmek; dans
danger tehlike
dangerous tehlikeli
dark karanlık; koyu
date tarih; tarih atmak
daughter kız evlat
day gün; gündüz
deal pay etmek; alışveriş etmek
dear sevgili; pahalı
deceive aldatmak
decide karar vermek
decision karar
declare bildirmek
declaration bildiri
decrease azalmak; azalma
deep derin
deer geyik
defend savunmak, korumak
degree derece
delay geciktirmek; ertelemek
delight zevk, sevinç; sevindirmek
deliver teslim etmek, vermek
demand istek; talep; istemek
department şube; bölüm
depend bağlı olmak
depth derin
descend inmek, alçalmak
descent iniş; yokuş
describe betimlemek, anlatmak
desert çöl
desire istek; dilek
desk okul sırası
destroy yok etmek; yıkmak
detail ayrıntı
determine karar vermek; belirlemek
develop geliştirmek
development gelişme
diamond elmas
dictionary sözlük
die ölmek
difference fark, ayrım
different farklı
difficult zor, güç
dinner akşam yemeği
dine akşam yemeği yemek
dip daldırmak; dalmak

direct doğru, dolaysız

direction yön

director müdür

dirty kirli

discover keşfetmek, bulmak

disease hastalık

dish tabak

distance mesafe, uzaklık

distant uzak

district bölge

disturb rahatsız etmek

ditch hendek

dive dalmak

diver dalgıç

divide bölmek; ayırmak

do yapmak, etmek

doctor doktor

dog köpek

dollar dolar

donkey eşek

door kapı

double çift, iki; iki misli

doubt kuşku; kuşkulanmak

down aşağı, aşağıya

dozen düzine

draw çekmek; resmini yapmak, çizmek

drawer çekmece

dream rüya görmek; hayal kurmak; rüya, düş

dress giydirmek; giyinmek; kadın elbisesi, giysi

drink içmek; içki içmek

drive sürmek; (araba) kullanmak

drop damlatmak; düşürmek

drum davul; davul çalmak

dry kuru, kurak; kurumak; kurutmak

duck ördek

dull can sıkıcı, yavan

during süresince, boyunca

dust toz

duster toz bezi; silgi

duty görev, ödev; gümrük vergisi

E, e

each her, her bir
ear kulak
earring küpe
early erken; önceki, ilk
earn kazanmak
earth dünya, yeryüzü
earthquake deprem
east doğu
easy kolay; rahat
easily kolayca
eat yemek
edge kenar
educate eğitmek, yetiştirmek
effect etki; sonuç; etkilemek
effective etkili
effort çaba, emek
egg yumurta
either ikisinden biri, her
elder daha yaşlı, büyük
elect seçmek
election seçim
electricty elektrik
electrician elektrikçi
elephant fil
else başka, daha
elsewhere başka yere yerde
empire imparatorluk
employ iş vermek, çalıştırmak
employee : işçi, memur
employer işveren
employment iş, görev
empty boş; boşaltmak
enclose içine almak, çevrelemek
end son; uç
enemy düşman
engine makine, motor
engineer mühendis
English İngiliz; İngilizce
enjoy zevk almak, hoşlanmak
enjoyment zekv; zevk veren şey
enough yeter; yeteri kadar
enter girmek
entertain ağırlamak; eğlendirmek
entertainment davet, ağırlama; eğlence
entrance giriş
envelope zarf
envy kıskançlık; kıskanmak
envious kıskanç
equal eşit
escape kaçmak; kurtulmak
especially özellikle
essential gerekli; esaslı

even hatta, bile

evening akşam

event olay

ever her zaman, hep

every her, her bir

everyday her gün

everything her şey

everywhere her yerde yere

exact tam, doğru

exactly tam, tümüyle

examination sınav; muayene

examine incelemek; muayene etmek

example örnek

excellent mükemmel

except -den başka

exception istisna

exchange değiş tokuş etmek; değiş tokuş; kambiyo

excite heyecanlandırmak; yol açmak

excitement heyecan

excuse mazeret, özür

excuse mazur görmek, bağışlamak

exercise alıştırma; jimnastik; kullanmak

exist var olmak

existence varlık

expect ummak; beklemek

expectation umut; beklenti

expense masraf, gider

expensive pahalı

experience tecrübe, deneyim

experiment deney

explain açıklamak

explanation açıklama

exploration keşif; araştırma

explore araştırmak, incelemek

explorer kâşif

express dile getirmek, anlatmak

expression ifade, anlatım

extension uzatma; genişletme

extra gereğinden çok, ek

extraordinary olağanüstü

extreme en sondaki, en uçtaki; aşırı

extremely son derece

eye göz

eyebrow kaş

eyelash kirpik

eyelid göz kapağı

F, f

face çehre, yüz
fact olgu; gerçek
factory fabrika
fail başaramamak; kalmak (sınavda)
failure başarısızlık
fair adil, dürüst; fuar
faith güven; iman
faithful sadık, bağlı
fall düşmek; inmek; yıkılmak
false yanlış; sahte
familiar tanıdık, bildik; alışılmış
family aile
famous ünlü
fan yelpaze; vantilatör
far uzak; uzağa, uzakta
faraway uzak
farm çiftlik
farmer çiftçi
fashion moda; tarz
fashionable modaya uygun, şık
fast hızlı, çabuk
fasten bağlamak; iliştirmek
fastener bağ, toka
fat şişman; yağlı
father baba
fault suç; kusur, eksik
favour iyilik
favourable elverişli, uygun
favourite en çok sevilen, gözde
fear korku; -den korkmak
feast bayram, yortu; ziyafet
feed beslemek, yedirmek
feel hissetmek, duymak
fellow adam; arkadaş, dost
female dişi
fence çit, parmaklık
fever ateş, hararet
few az
field tarla; alan
fight savaşmak; kavga etmek
fighter savaşçı
figure boy pos, beden; rakam, sayı
fill doldurmak
film film
find bulmak
fine güzel; ince
finger parmak
finish bitmek; bitirmek
fire ateş; yangın
firm katı, sert; sağlam
first birinci, ilk

fish balık; balık tutmak
fisherman balıkçı
fit elverişli, uygun; uymak
fix yerleştirmek, takmak; saptamak
flag bayrak
flame alev, ateş
flash parlamak; parıltı
flat düz, yassı; daire
flood sel, taşkın; su basmak
floor zemin, döşeme; kat
flour un
flow akmak
flower çiçek
fly uçmak; sinek
fold kıvrım; katlamak
follow takip etmek, izlemek
food yiyecek, besin
fool aptal, budala
foolish akılsız, aptal
foot ayak
football futbol
for için
forbid yasaklamak
force kuvvet, güç; zorlamak
foreigner yabancı
forest orman
forget unutmak
forgive bağışlamak
fork çatal
form şekil, biçim; form
formal resmi; biçimsel
former önceki
formerly önceden
fortune talih; kısmet; servet
forward öndeki, ön; ileri
frame iskelet, çatı; çerçeve
free hür, özgür; serbest; bedava
freedom özgürlük
freeze donmak; dondurmak
frequent sık sık olan, sık
frequently sık sık
fresh taze, yeni
friend arkadaş
friendship dostluk
fright korku
frighten korkutmak
frightful korkunç
from -den, -dan
front ön; çehre
fruit meyve
fry kızartmak (yağda)
full dolu
fun eğlence
funny gülünç; garip
funeral cenaze töreni
fur kürk
furnish döşemek
furniture mobilya

G, g

gain elde etmek, kazanmak
gallon galon
game oyun
gap yarık, aralık, boşluk
garage garaj
garden bahçe
gardener bahçıvan
gas gaz
gate kapı
gather toplamak; toplan- mak
general genel, yaygın
generally genellikle
generous cömert, eli açık
gentle nazik, kibar
gentleman centilmen
get elde etmek; almak
girl kız
give vermek
gift armağan; yetenek
glad memnun
glass cam; bardak
go gitmek
goat keçi
God Allah, Tanrı
gold altın
golden altından; altın rengi
good iyi
goodbye *bay* allahaısmarladık
govern yönetmek
government yönetim; hükümet
governor vali
graceful zarif
gradual derece derece olan, aşamalı
gradually azar azar
grammar dilbilgisi
grass ot, çimen
grateful minnettar
grave ciddi, ağır; mezar
grease yağ; yağlamak
great büyük, kocaman; önemli
green yeşil
greet selamlamak
grey gri
grind öğütmek
ground yer, toprak; saha
group grup, topluluk
grow büyümek, gelişmek
growth büyüme, gelişme
guard korumak
guess tahmin etmek; tahmin
guest konuk; otel müşterisi
guide rehber, kılavuz; yol göstermek
guilty suçlu
gun top, tüfek; tabanca

H, h

habit alışkanlık

hair saç, kıl

hairy kıllı, tüylü

half yarı; yarım; buçuk

hall salon; hol

hammer çekiç

hand el

handkerchief mendil

handle sap, kulp

hang asmak

happen olmak

happy mutlu

harbour liman

hard sert, katı; zor, güç

hardly güçlükle; hemen hiç

harm zarar, ziyan; zarar vermek

harmful zararlı

harmless zararsız

harvest hasat; ürün

hat şapka

hate nefret etmek

hatred nefret

have sahip olmak

he o (erkek)

head baş, kafa

headache baş ağrısı

health sağlık

heap küme, yığın

hear duymak, işitmek

heart kalp, yürek

heat sıcaklık; ısı

heaven cennet

heavy ağır

height yükseklik

help yardım; yardım etmek

her onu; ona; onun

here burada, buraya

hesitate tereddüt etmek, duraksamak

hide saklamak, gizlemek; saklanmak, gizlenmek

high yüksek

highly son derece, hayli

highway anayol, karayolu

hill tepe

hire kiralamak, tutmak

his onun; onunki

history tarih

hit vurmak

hold tutmak

hole delik, çukur

holiday tatil

hollow çukur, oyuk

holy kutsal

home ev

honest dürüst, namuslu

honesty dürüstlük

honour onur, şeref

hook çengel, kanca

hope umut, ümit; umut etmek, ümit etmek

horizon ufuk

horizontal yatay

horse at

hospital hastane

hot sıcak, kızgın

hotel otel

hour saat

house ev

housewife ev kadını

how nasıl

how long ne kadar zaman

how many kaç tane

how much ne kadar; kaç para

however bununla birlikte, yine de

human insan

humble alçakgönüllü, mütevazi

hunger açlık

hungry aç

hunt avlamak

hunter avcı

hurry acele; acele etmek

hurt incitmek, yaralamak

husband koca, eş

hut kulübe

I, i

I ben
Ice buz
Icy buzlu
Idea fikir, düşünce
Ideal ideal
If ise, şayet
Ill hasta
Illness hastalık
Imagine hayal etmek; sanmak
Imitate taklit etmek
Imitation taklit
Immediately derhal, hemen
Importance önem
Important önemli
Improve geliştirmek; gelişmek
Improvement gelişme
In içine, içinde
Inch inç (2.5 cm.)
Include içermek, kapsamak
Increase artış; artmak; artırmak
Indeed gerçekten, hakikaten
Independence bağımsızlık
Independent bağımsız
Industrial endüstriyel, sınai
Industry endüstri, sanayi
Influence etki
Influential etkili
Inform bildirmek, haber vermek
Information bilgi; danışma
Ink mürekkep
Inquiry soruşturma
Insect böcek
Inside içinde
Instead yerine
Instrument alet; çalgı
Insult hakaret; hakaret etmek
Insurance sigorta
Intend niyet etmek
Intention niyet
Intentional kasıtlı
Interest ilgi; ilgilendirmek
Interesting ilginç
International uluslararası
Interrupt sözünü kesmek
Into içine
Introduce tanıştırmak, tanıtmak
Introduction giriş; tanıştırma
Invent icat etmek
Invention icat
Invite davet etmek, çağırmak
Invitation davet, çağrı
Iron demir; ütü; ütülemek
Island ada
It o; onu, ona
Its onun

J, j

jaw çene

jealous kıskanç

jealousy kıskançlık

jewel mücevher

jewellery mücevherat

join katılmak, birleşmek

joke şaka; şaka yapmak

journey seyahat, yolculuk

joy neşe, sevinç

judge hâkim, yargıç; hakem

judgement hüküm, yargı

julce meyve suyu

jump atlamak, sıçramak

just az önce, demin; tam

justice adalet

K, k

keep tutmak; alıkoymak; saklamak

key anahtar

klok tekme; tekme atmak

kill öldürmek

kind çeşit, cins; kibar, nazik

king kral

kingdom krallık

kiss *kis* öpücük; öpmek

kitchen mutfak

knee diz

kneel diz çökmek

knife bıçak

knock vurmak

knot düğüm

know bilmek; tanımak

knowledge bilgi

L, l

lady hanımefendi

lake göl

lamp lamba

land ülke; toprak, arazi; yere inmek

landlady pansiyoncu kadın

landlord otelci, pansiyoncu (erkek)

language dil

large büyük, iri; geniş

last son; devam etmek, sürmek

late geç

lately son günlerde

laugh gülüş; gülmek

law yasa, kanun

lawyer avukat

lay koymak, yatırmak

lazy tembel

lead yol göstermek

leader lider, önder

leaf yaprak

learn öğrenmek

least en az

leather deri

leave terk etmek, ayrılmak; bırakmak

left sol

leg bacak

lend ödünç vermek

length uzunluk, boy

less daha az

lesson ders

let izin vermek

letter harf; mektup

level düzey, seviye

liberty özgürlük

library kütüphane

lid kapak

lie yatmak, uzanmak

lie yalan; yalan söylemek

life yaşam, hayat

lift asansör; kaldırmak

light hafif; açık (renk); aydınlık; ışık

like hoşlanmak, beğenmek

like benzer, gibi

limit sınır; sınırlamak

line çizgi; hat, yol; sıra, dizi

lip dudak

lipstick ruj, dudak boyası

liquid sıvı

list liste

listen dinlemek

literature edebiyat

little küçük

live oturmak, yaşamak

live canlı

load yük; yüklemek

local yerel, yöresel

lock kilit, kilitlemek

lodgings pansiyon

lonely yalnız; ıssız

long uzun

look bakmak

loose gevşek

lose kaybetmek, yitirmek

loss kayıp; zarar, ziyan

loud yüksek (ses)

love aşk; sevmek

lovely sevimli, güzel

low alçak

loyal sadık, talih

luck şans, talih

lucky şanslı, talihli

lunch öğle yemeği

M, m

machine makine

mad deli

mail posta; postayla göndermek

main ana, asıl, temel

make yapmak

man adam, erkek

manage yönetmek; becermek

management yönetim, idare

manager yönetici, müdür

manner davranış; tarz, biçim

manufacture imal etmek

many birçok

map harita

market çarşı, pazar; piyasa

marriage evlilik

marry evlenmek

mass küme, yığın

master usta

match kibrit; maç

material madde; malzeme

matter sorun, mesele

may -ebilmek, -abilmek

May mayıs

maybe belki

mayonnaise mayonez

me beni, bana

meal yemek, öğün

mean anlamına gelmek; demek istemek

meanwhile bu arada

measure ölçü; ölçmek

meat et

mechanic tamirci

medicine ilaç; tıp

medical tıbbi

meet rastlamak, karşılaşmak; tanışmak; buluşmak

melt erimek; eritmek

member üye

memory hafıza, bellek

mend tamir etmek, onarmak

mention anmak, sözünü etmek

message mesaj

metal maden, metal

middle orta

midnight gece yarısı

mile mil

milk süt

milkman sütçü

mind akıl

mine benimki

minister bakan

minute dakika

miserable perişan, mutsuz

miss özlemek

Miss beyan (evlenmemiş)

mistake hata, yanlış

mix karıştırmak

mixture karışım

model model; örnek

modern çağdaş, modern

modest alçakgönüllü, mütevazi

moment an

money para

monkey maymun

month ay

moon ay

more daha; daha çok

morning sabah

most en çok

motel motel

mother anne

motion hareket

mountain dağ

mouth ağız

move hareket ettirmek; hareket etmek

movement hareket

much çok

mud çamur

muddy çamurlu

murder cinayet; öldürmek

music müzik

musician müzisyen

must -meli, -malı

my benim

myself kendim

mystery esrar, sır

N, n

nail çivi; tırnak
name isim, ad
narrow dar
nation ulus, millet
national ulusal, milli
native yerli
natural tabii, doğal
naturally doğal olarak
nature tabiat, doğa
near yanında, yakınında; yakın
nearly hemen hemen
necessary gerekli
neck boyun
necklace kolye, gerdanlık
need ihtiyaç; ihtiyacı olmak
needle iğne
neglect ihmal etmek
neighbour komşu
neither hiçbiri
nephew yeğen (erkek)
net ağ; net
network şebeke, ağ
never hiç, asla
new yeni
news haber
newspaper gazete
next gelecek; ertesi
next to yanında, bitişik
nice hoş, güzel
niece yeğen (kız)
night gece
no hayır
noble soylu
nobody hiç kimse
nowhere hiçbir yere, hiçbir yerde
noise gürültü
noisy gürültülü
nonsense saçma
noon öğle
nor ne de
north kuzey
northern kuzeye ait
nose burun
not değil
note not; not etmek; farkına varmak
notebook defter
nothing hiçbir şey
notice duyuru; farkına varmak
noun isim, ad
novel roman
now şimdi
nowadays bugünlerde
nowhere hiçbir yere, hiç bir yerde
nuisance baş belası
number numara; sayı, rakam
numerous birçok, sayısız
nurse hemşire, hastabakıcı
nut fındık, ceviz

O, o

obedience itaat
obey riayet etmek, uymak
object şey, nesne
object itiraz etmek, karşı çıkmak
objection itiraz
observation gözlem
observe gözlemek; gözetlemek
occasion fırsat, vesile
occasionally ara sıra
ocean okyanus
of -in, -nin
off -den, -dan
offence suç
offend darıltmak, gücendirmek
offer teklif; teklif etmek
office büro, yazıhane
officer memur; subay
official resmi
often sık sık
oil yağ
old eski; yaşlı
one bir
only yalnız, sadece
open açık; açmak; açılmak
operate çalıştırmak, işletmek
operation ameliyat
opinion fikir, düşünce
opportunity fırsat
opposite karşı, karşıdaki; zıt, karşıt
or veya; yoksa
orange portakal
order sipariş; tertip, düzen; sipariş vermek; tertip etmek, düzenlemek
ordinary alışılmış, olağan
organization örgüt; organizasyon
organize örgütlemek; düzenlemek
original orijinal, özgün
ornament süs
other diğer, öteki
otherwise yoksa; başka türlü
ought -meli, -malı
ounce ons (28.35 gr.)
our bizim
ours bizimki
out dışarı, dışarıya; dışarıda
outline özet
outside dışında
over üzerine, üstüne; üzerinde, üstünde
overcoat palto
overcome üstesinden gelmek, yenmek
overtime fazla mesai
owe borçlu olmak
own kendi; sahip olmak
owner sahip
oyster istiridye

P, p

pack paket yapmak
package paket
page sayfa
pain ağrı, acı
paint boya; boyamak
painter ressam
pair çift
pale solgun, soluk
pan tava
paper kâğıt; gazete
parcel paket, koli
parent anne ya da baba
park park; park etmek
particular belirli, özel
particularly özellikle
partner ortak
party parti
pass geçmek; uzatmak
passage pasaj
passenger yolcu
past geçmiş
pastry hamur işi
path patika, yol
patient hasta; sabırlı
patience sabır
pattern kalıp
pause mola, ara
pay ödemek
payment ödeme
pea bezelye
peace barış
pearl inci
pen tükenmezkalem, dolmakalem
pencil kurşunkalem
penny peni
people halk; insanlar
perfect mükemmel
perform yapmak, yerine getirmek
performance yapma, yerine getirme; gösteri, oyun
perhaps belki
period dönem
permanent sürekli
permission izin, müsaade
permit izin vermek, müsaade etmek
person kişi, kimse
personal kişisel; özel
personality kişilik
persuade ikna etmek, inandırmak
pet ev hayvanı
photo fotoğraf
photocopy fotokopi
photograph fotoğraf, resim
physics fizik
pick toplamak, koparmak
picnic piknik

picture resim
piece parça
pig domuz
pigeon güvercin
pile yığın, küme
pin topluiğne
pincers kerpeten
pink pembe
pipe boru; pipo
place yer; yerleştirmek
plain açık, anlaşılır; sade, süssüz
plan plan; planlamak, tasarlamak
plant bitki; dikmek
plate tabak
play oynamak; çalmak; oyun
player oyuncu
pleasant hoş, tatlı
please lütfen
pleasure zevk
plenty of çok
plural çoğul
pocket cep
poem şiir
poet şair
point nokta; husus, konu; göstermek
poison zehir; zehirlemek
poisonous zehirli
police polis
policeman polis
polite nazik, kibar
political siyasal, politik
politician politikacı
politics politika, siyaset
pool gölcük; havuz
poor yoksul, fakir; zavallı
popular sevilen, popüler
population nüfus
position durum
positive olumlu; pozitif
possess sahip olmak
possession sahiplik, iyelik
possible mümkün; muhtemel, olabilir
possibly muhtemelen
possibility olasılık, ihtimal; olanak, imkân
post posta; postalamak
post office postane
postman postacı
pound sterlin; libre 453 gr.)
pour dökmek; dökülmek
poverty yoksulluk, fakirlik
powder toz; pudra
power güç, kuvvet
powerful güçlü, kuvvetli
practical kullanışlı, pratik
practice uygulama, pratik
practise uygulamak, yapmak
praise övgü; övmek
pray dua etmek
pray dua

precious değerli, kıymetli
prefer tercih etmek
preparation hazırlık
prepare hazırlamak; hazırlanmak
present hazır, mevcut; hediye, armağan
president başkan
press basın; basmak; ütülemek
pressure basınç; baskı
pretend gibi görünmek, taslamak
pretty güzel, hoş, sevimli
prevent önlemek, engellemek
price fiyat
pride gurur
priest papaz, rahip
print basmak
printer yazıcı
prison hapishane
prisoner tutuklu, mahpus; tutsak
private özel
prize ödül
probability ihtimal, olasılık
probable muhtemel, olası
probably muhtemelen
problem sorun, problem
produce üretmek; yetiştirmek
product ürün
production üretim
profession meslek
professional profesyonel
profit kazanç, kâr
programme program
promise söz, vaat; söz vermek, vaat etmek
pronounce telaffuz etmek
pronunciation telaffuz, okunuş
proof delil, kanıt
proper uygun
property mal, mülk
proposal öneri, teklif
propose önermek, teklif etmek
protect korumak
protection koruma
proud gururlu
prove kanıtlamak, ispat etmek
provide sağlamak
public genel; halka ait
pull çekmek
punctual dakik
punish ş cezalandırmak
punishment ceza
pupil öğrenci
pure saf, arı
purple mor
purpose amaç; niyet
purse para çantası
push itmek
put koymak
puzzle bilmece, bulmaca
pyjamas pijama

Q, q

qualification yeterlik; nitelik

quality nitelik, kalite

quantity nicelik, miktar

quarrel kavga; kavga etmek

quarter çeyrek

queen kraliçe

question soru; konu, sorun

quick çabuk, hızlı

quicky çabuk, hızlı

quiet sessiz, sakin

quite tümüyle, tamamen; oldukça, epey

R, r

rabbit tavşan

race yarış

radio radyo

railway demiryolu

rain yağmur; yağmur yağmak

raise kaldırmak, yükseltmek; yetiştirmek

rare nadir, seyrek

rarely nadiren

rate oran

rather oldukça, epeyce

raw çiğ; ham

razor tıraş makinesi

reach ulaşmak, erişmek

read okumak

reader okuyucu, okur

ready hazır

real gerçek, hakiki

realize farkına varmak, anlamak

really gerçekten, hakikaten

reason neden, gerekçe

reasonable makul, akla uygun

receipt makbuz

receive almak

recent yeni, yakında olan

recently son günlerde, geçenlerde

recommend tavsiye etmek

record kayıt; plak; rekor

record kaydetmek, yazmak

red kırmızı

reduce azaltmak, indirmek

reduction azalmta; indirim

refuse reddetmek, kabul etmemek

regular düzenli

regularly düzenli olarak

relation ilgi, ilişki; akraba

religion din

religious kalmak

remain kalmak

remark söz

remedy çare

remember hatırlamak, anımsamak

remind hatırlatmak, anımsatmak

rent kira; kiralamak

repair tamir, onarım; tamir etmek, onarmak

repeat tekrarlamak

replace yerine başkasını koymak

reply cevap, karşılık; cevap vermek, karşılık vermek

report rapor

reporter muhabir

represent temsil etmek; göstermek

representative temsilci

republic cumhuriyet

reputation şöhret, ün

request rica; rica etmek

rescue kurtarma; kurtarış

research araştırma

reserve ayırtmak

resign istifa etmek

resist karşı koymak, direnmek

resistance direnme

respect saygı; bakım

responsibility sorumluluk

responsible sorumlu

rest dinlenme; dinlenmek

rest artık, arta kalan

restaurant restoran, lokanta

result sonuç

retire emekli olmak

return dönüş; dönmek

revenge intikam; intikam almak

review gözden geçirme; eleştiri

reward ödül

rice pirinç; pilav

rich zengin

ride binmek

right doğru; haklı; sağ

ring halka; yüzük; çalmak

ripe olgun

rise yükselmek, çıkmak

risk risk

river ırmak, nehir

road yol

roast kızartmak

rob soymak

robber soyguncu

robbery soygun

rock kaya

roof dam, çatı

room oda

rope ip, halat

rough kaba; dalgalı

round yuvarlak; etrafında, etrafına

row sıra, dizi

rub ovmak

rubber lastik, kauçuk

rubbish çöp; saçma

rude kaba, terbiyesiz

rug halı, kilim

rule kural; yönetmek

ruler hükümdar; cetvel

run koşmak

runner koşucu

rush acele etmek

rust pas

S, s

sad üzgün
safe emin
safety emniyet
sailor gemici, denizci
salary aylık, maaş
sale satış; ucuzluk, indirimli satış
salesman satıcı (erkek)
saleswoman satıcı (kadın)
salt tuz
same aynı
sample numune, ör-nek
sand kum
satisfaction tatmin
satisfactory tatminkâr
satisfy tatmin etmek
sauce sos, salça
saucer fincan tabağı
save kurtarmak; biriktirmek
say demek, söylemek
scales terazi
school okul
science bilim, ilim
scientific bilimsel
scientist bilim adamı
scissors makas
scom küçümsemek
scrape kazımak
scratch kazımak; tırmalamak
screen perde; ekran
screw vida
sea deniz
search araştırmak
season mevsim
second ikinci; saniye
second-hand kullanılmış, el-den düşme
secret gizli, saklı; sır
secretary sekreter
see görmek; anlamak
seed tohum
seem gibi görünmek
seldom nadiren
self kendi
selfish bencil
sell satmak
send göndermek, yollamak
sense duyu; duygu; anlam
sentence cümle, tümce
separate ayrı
separate ayırmak; ayrılmak
September eylül
serious ciddi
serve hizmet etmek; servis yapmak
servant uşak, hizmetçi

service hizmet; servis

set takım; koymak, yerleştirmek

settle halletmek, çözmek; yerleştirmek; yerleşmek

settlement yerleşme, yerleşim

several birkaç; birçok

severe sert; ciddi

sew dikiş dikmek

shade gölge

shadow gölge

shake sallamak

shallow sığ

shame utanç, ayıp

shape biçim, şekil

share hisse, pay; paylaşmak

sharp keskin

shave tıraş olmak

she o (bayan)

sheep koyun

sheet çarşaf

shelf raf

shell kabuk; mermi

shelter barınak, sığınak

shine parlamak

ship gemi

shirt gömlek

shock şok; sarsıntı

shoe ayakkabı

shoot ateş etmek; vurmak

shop dükkân

shopkeeper dükkâncı

shore sahil, kıyı

short kısa

shoulder omuz

shout bağırmak, seslenmek

show göstermek; gösteri

shower duş

shut kapamak; kapanmak

sick hasta

side yan, taraf

sight görünüş, manzara

sign işaret; imzalamak

signature imza

signal sinyal

silence sessiz, sakin

silk ipek

silver gümüş

simple basit

since -den beri; -dığı için

sincere samimi, içten

sing şarkı söylemek

singer şarkıcı

single tek; tek kişilik; bekâr

single room tek kişilik oda

single ticket gidiş bileti

sink batmak; mutfak lavabosu

sir efendim

sister kız kardeş

sit oturmak
sitting room oturma odası
situation yer, konum; durum, hal
size büyüklük; beden, boy; numara
skilful becerikli
skill beceri, ustalık
skin deri
skirt eteklik; etek
sky gök, gökyüzü
slave köle, esir
slavery kölelik, esaret
sleep uyumak; uyku
slight hafif, önemsiz
slow yavaş
slowly yavaş yavaş
small küçük
smell koklamak; kokmak; koku
smile gülümsemek, gülümseme
smoke duman; içmek (sigara)
smooth düzgün, düz; sarsıntısız
snake yılan
snow kar; kar yağmak
snowy karlı
so böyle, öyle; bu kadar; pek, çok; bu nedenle, onun için
soap sabun
social toplumsal, sosyal
society toplum; kulüp, dernek
socks kısa çorap
soft yumuşak
soll toprak
soldier asker
solid katı; sağlam
solution çözüm
solve çözmek, halletmek
some biraz; birkaç; bazı
somebody birisi
somehow her nasılsa
someone birisi
something bir şey
sometimes bazen
somewhere bir yere, bir yerde
son oğul
song şarkı
soon yakında
sorrow acı, üzüntü
sorry üzgün
sort tür, çeşit
sound ses; gibi gelmek, ses çıkarmak
soup çorba
sour ekşi
south güney
southern güneye ait

space uzay; alan, yer
speak konuşmak
special özel
specially özellikle
spectacles gözlük
speach konuşma
speed hız
spell harf harf söylemek
spend harcamak
spoll bozmak; bozulmak
spoon kaşık
sport spor
sportsman sporcu
spot nokta, benek; yer
spread yaymak, sermek
spring ilkbahar
square meydan, alan; kare
staff personel, kadro
stage sahne
stairs merdiven
stamp pul
stand ayakta durmak, dikelmek
standard standart
star yıldız
start başlamak; başlatmak; başlangıç
state devlet, durum
statement söz, ifade
station istasyon
stay kalmak
steal çalmak
steam buhar
steal çelik
step adım; adım atmak
stick sopa, değnek; saplamak, saplanmak
still hâlâ
sting sokmak, ısırmak
stir karıştırmak
stockings uzun çorap
stomach mide
stone taş
stop durmak; durdurmak
store mağaza, dükkân
storm fırtına
story hikâye, öykü
stove soba
straight dümdüz, doğru
strange acayip, garip; yabancı
stranger yabancı
street sokak, cadde
strength kuvvet, güç
strike vurmak; grev
string ip, sicim
strong güçlü, kuvvetli
struggle çabalamak, uğraşmak
student öğrenci
studio stüdyo

study okumak,çalışmak
stuff şey; kumaş
stupid ahmak, aptal
subject ders; konu; özne
substance madde
succeed başarmak
success başarı
successful başarılı
such böyle, öyle, şöyle; bu kadar, o kadar
sudden ani
suddenly birdenbire, aniden
suffer acı çekmek
sugar şeker
suggest önermek, teklif etmek
suggestion öneri, teklif
sult takım elbise
summer yaz
sun güneş
sunbathe güneşlenmek
Sunday pazar
sunlight güneş ışığı
sunny güneşli
sunrise gün doğuşu
sunset gün batışı
sunshine güneş ışığı
supper akşam yemeği
supply sağlamak, tedarik etmek
support destek; desteklemek
suppose sanmak
sure emin
surely elbette, kuşkusuz
surface yüzey
surprise sürpriz; şaşırtmak
surround kuşatmak, çevrelemek
suspicion kuşku, şüphe
suspicious kuşkulu, şüpheli
sweat ter; terlemek
sweep süpürmek
sweet tatlı
swim yüzmek
switch anahtar, düğme
sword kılıç
system sistem

T, t

table masa

tailor terzi

take almak

talk konuşmak, söylemek; konuşma

tall uzun boylu

tap musluk

taste tat; tatmak; tat vermek

tasteless tatsız

tax vergi

taxi taksi

tea çay

teach öğretmek

teacher öğretmen

teapot çaydanlık

teaspoon çay kaşığı

telegram telgraf

telegraph telgraf

telephone telefon; telefon etmek

telephone booth telefon kulübesi

television televizyon

telex teleks

tell anlatmak, söylemek

temper huy, mizaç

tempt ayartmak, kandırmak

temptation ayartma, baştan çıkarma

tend eğiliminde olmak

tendency eğilim

tent çadır

term dönem

terrible korkunç; berbat

test sınav, test; deneme, sınama; denemek, sınamak

than -den, -dan

thank teşekkür etmek; teşekkür

thankful müteşekkir, minnettar

that şu, o

theater tiyatro

their onların

theirs onlarınki

them onları, onlara

themselves kendileri

then o zaman; ondan sonra

there orada, oraya

therefore bu nedenle, onun için

these bunlar

they onlar

thick kalın

thief hırsız

thin ince

thing şey

think düşünmek, sanmak

third üçüncü

thirsty susamış

this bu

those şunlar, onlar

though rağmen, karşın

thought düşünce

thousand bin

thread iplik

threaten tehdit etmek

throat boğaz

through içinden, arasından

throughout baştan başa

throw atmak, fırlatmak

thumb başparmak

thunder gök gürültüsü

Thursday perşembe

thus böyle, böylece

ticket bilet

tidy düzgün, derli toplu

tie bağlamak; kravat

tight sıkı; dar

tights külotlu çorap

till kadar

time vakit, zaman; defa, kere

tin teneke

tip bahşiş

tire yormak

tired yorgun

title başlık, ad, isim

to -e, -a

toast kızarmış ekmek; kızartmak

tobacco tütün

today bugün

together beraber, birlikte

tomato domates

tomorrow yarın

ton ton

tongue dil

tonight bu gece

too de, da; çok fazla

tool alet

tooth diş

top tepe, üst

total toplam, tutar

touch dokunmak

tough sert; dayanıklı; zor

tour tur, gezi

tourism turizm

tourist turist

towards -e doğru

towel havlu

tower kule

town şehir, kent; kasaba

toy oyuncak

trade ticaret

traffic trafik

train tren

translate tercüme etmek, çevirmek

translation tercüme, çeviri

translator tercüman, çevirmen

trap tuzak

travel seyahat etmek; seyahat

travel agency seyahat acentası

traveller yolcu

treat muamele etmek, davranmak; tedavi etmek; ele almak

treatment muamele, davranış; tedavi

tree ağaç

trick hile, oyun

trip gezi, gezinti

trouble sorun, mesele; zahmet, dert

true doğru, gerçek

trust güvenmek; güven

truth gerçek

try denemek; çalışmak, uğraşmak

Tuesday salı

turn dönmek; döndürmek

type tip, çeşit, tür; daktiloyla yazmak

typewriter daktilo

typist sekreter

tyre lastik

U, u

ugly çirkin

umbrella şemsiye

uncle amca, dayı

under altına, altında

understand anlamak

union birlik; sendika

unit birim

unite birleştirmek; birleşmek

universe evren

universal evrensel

university üniversite

unless -medikçe, -madıkça, -mezse, -mazsa

until kadar

up yukarıya, yukarıda

upon üzerinde, üzerine

upset altüst etmek, bozmak; üzmek

urgent acil

use kullanmak

use kullanım

useful yararlı, faydalı

useless yararsız, faydasız

usual her zamanki, olağan

usually genellikle

V, v

vacate boşaltmak

valley vadi

value değer

various çeşitli

verb fiil

very çok

victory zafer

video video

view bakış; görüş; görünüm

village köy

violence şiddet

violent şiddetli, sert

visit ziyaret; ziyaret etmek

visitor ziyaretçi

voice ses

W, w

wage ücret
waist bel
wait beklemek
waiting room bekleme odası
waiter garson
waitress kadın garson
wake uyanmak; uyan-dırmak
walk yürümek; yürüyüş
wall duvar
want istemek
war savaş
warm sıcak
warn uyarmak, ikaz etmek
wash yıkamak; yıkanmak
waste israf etmek; israf
watch seyretmek, izlemek; saat
water su
wave dalga
way yol
we biz
weak zayıf
weapon silah
wear giymek; takmak
weather hava
week hafta
weekly haftalık
weigh tartmak; ağırlığında olmak
weight ağırlık
welcome hoş geldiniz
well iyi
west batı
western batıya ait
wet ıslak
what ne
wheat buğday
wheel tekerlek
when ne zaman
whenever her ne zaman
where nereye, nerede
which hangi; hangisi
while iken, esnasında
whisper fısıldamak; fısıltı
whisky viski
white beyaz
who kim
whole bütün, tam
whom kimi, kime
whose kimin
why niçin
wide geniş

width genişlik, en
widow dul kadın
wife karı, hanım, eş
wild vahşi, yabani
willing istekli, razı
win kazanmak
wind rüzgâr
windy rüzgârlı
window pencere; vitrin
wine *şarap*
wing kanat
winter kış
wipe silmek, temizlemek
wire tel
wish istemek, dilemek
with ile
within içinde, zarfında
without -siz, -sız
witness tanık, şahit
woman kadın
wonder merak etmek
wonderful harika, olağanüstü
wood odun, tahta
wool yün
woolen yünlü
word sözcük, kelime
work çalışmak; iş, çalışma; eser, yapıt
worker işçi
workman işçi
world dünya
worry merak etmek, kaygılanmak, sıkılmak
worse daha kötü
worst en kötü
worth değer
wound yara; yaralamak
wrap sarmak, paketlemek
wrist bilek
write yazmak
wrong yanlış; haksız

Y, y

year yıl, sene
yellow sarı
yes evet
yesterday dün
yet henüz, daha
yoghurt yoğurt
you sen; siz; seni, sana; sizi, size
young genç
your senin; sizin
yours seninki; sizinki
youth gençlik

Z, z

zero sıfır

zoo hayvanat bahçesi

TURKISH - ENGLISH DICTIONARY

A, a

acayip strange

acele hurry **acele etmek** hurry, rush

acente agent agency

acı bitter sorrow pain **acı çekmek** suffer

acıkmak be hungry

acil urgent

aç hungry

açık open (renk) light **açıklama** explanation

açıklamak explain

açılmak open

açlık hunger

açmak open

ad name, noun, title

ada island

adalet justice

adam man, fellow

adım step **adım atmak** step

adil fair

adres address

aftırşeyv aftershave

ağ net; network

ağaç tree

ağır heavy

ağırlamak entertain

ağırlık weight

ağız mouth

ağlamak cry

ağrı pain

ahmak stupid

aile family

ait olmak belong

akıl mind

akıllı clever

akılsız foolish

akmak flow

akraba relation

akşam evening

akşam yemeği dinner, supper

alakart à la carte

alan field; square; space

alçak low

alçakgönüllü modest, humble

alçalmak descend

aldatmak deceive, cheat

aldırmak care

alet instrument, tool

alev flame

alıkoymak keep

alışılmış ordinary

alışkanlık habit

alıştırma exercise

alışveriş shopping

alışveriş etmek do the shopping

alkol alcohol

Allah God

allahaısmarladık goodbye

almak take get; receive

altın gold; golden

altına under

altında under, below, beneath

altüst etmek upset

ama but

amaç aim, purpose

ambulans ambulance

amca uncle

ameliyat operation

amir chief

an moment

ana main mother

anahtar key switch

anayol highway

ançüez anchovy

anımsamak remember

anımsatmak remind

ani sudden

aniden suddenly

anlam sense **anlamına gelmek** mean

anlamak understand

anlaşılır plain

anlatım expression

anlatmak tell

anmak mention

anne mother

anorak anorak

apartman block of flats

aptal stupid; foolish; fool

ara pause

araba carriage **araba kullanmak** drive

aralık gap

arasına between

arasında between

arasından through

ara sıra occasionally

araştırma search

arazi land

arı bee; pure
arka back
arkadaş friend
arkadaşlık company
arkasında behind
arkasından after
armağan present, gift
artık rest
artırmak increase
artış increase
artikel article
artmak increase
asansör lift
asıl main
asker soldier
asla never
asmak hang
aşağı down; below
aşağı yukarı about
aşağıda below
aşağısında below
aşağıya down
aşçı cook
aşırı extreme
aşk love
at horse
ateş fire; fever **ateş etmek** shoot
atlamak jump
atmak throw
avantaj advantage
avcı hunter
avlamak hunt
avlu court
avukat lawyer
ay month; moon
ayak foot **ayak bileği** ankle **ayakta durmak** stand
ayakkabı shoe
ayarlamak arrange
ayartmak tempt
aydınlık light clear
ayıp shame
ayıplamak blame
ayırmak separate; divide
ayırtmak reserve
aylık salary
aynı same
ayrı separate
ayrılmak leave; separate
ayrım difference
ayrıntı detail
az few; **az önce** just
azalmak decrease
azaltmak reduce

B, b

baba father
bacak leg
badem almond
bagaj baggage
bağ fastener
bağımsız independent
bağımsızlık independence
bağırmak shout, cry, call,
bağışlamak forgive, excuse
bağlamak fasten, tie, connect
bağlantı connection
bağlı loyal. faithful **bağlı olmak** depend
bahçe garden
bahçıvan gardener
bahşiş tip
bakan minister
bakım respect
bakır copper
bakış view
bakmak look
balık fish **balık tutmak** fish
balıkçı fisherman
balta ax
bana me
banka bank
banyo bath
bar bar
bardak glass
barınak shelter
barış peace
basın press
basınç pressure
basit simple
baskı pressure
basmak print; press
baş head **baş ağrısı** headache **baş belası** nuisance **baştan başa** throughout
başarı success
başarılı successful
başarısız unsuccessful
başarısızlık failure
başarmak succeed
başka other, another, else **başka bir** another **başka türlü** otherwise **başka yere yerde** elsewhere
başkan president
başkent capital
başlamak begin start
başlangıç start
başlatmak start
başlık cap; title
başparmak thumb
başvurmak apply
başvuru application
batı west; western
batmak sink
bayan lady, madam Mrs (evlenmemiş) Miss

bayrak flag
bayram feast
bazen sometimes
bazı some
bebek baby
beceri skill
becerikli skilful
beceriksiz unskilful
becermek manage
bedava free
beden body; size
beğenmek like
bekâr single
bekleme waiting **bekleme odası** waiting room
beklemek wait; expect
beklenti expectation
bel waist
belirlemek determine
belirli particular
belki perhaps, maybe
bellek memory
ben I *ay*
bencil selfish
benek spot
beni me
benim my
benimki mine
benzer like, alike
beraber together
berbat terrible
berber barber
besin food
beslemek feed
beyaz white
beyin brain
bez cloth
bezelye pea
bıçak knife
bırakmak leave
biçim form, shape; manne
bildiri declaration
bildirmek declare, inform
bile even already
bilek wrist
bilet ticket
bilgi information ; knowledge
bilgisayar computer
bilim science **bilim adamı** scientist
bilimsel scientific
bilmece puzzle
bilmek know
bin thousand
binmek ride
bir a one **bir şey** something **bir yer(d)e** somewhere
biraz some
birçok a lot of, many
birdenbire suddenly
birikmek crowd
biriktirmek save
birim unit
birinci first
birisi someone, somebody; anybody
birkaç some, several
birleşmek join, combine, unite

birleştirmek unite, connect, combine
birlik association, union
birlikte together
bisiklet bicycle
bitirmek finish
bitişik next to
bitki plant
bitmek finish
biz we
bizim our
bizimki ours
boğaz throat
borç debt
borçlu olmak owe
boru pipe
boş empty
boşaltmak empty, vacate
boşluk gap
boy length; size **boy pos** firure
boya colour, paint
boyamak paint
boyun neck
boyunca during; along
bozmak spoil; upset
bozuk broken **bozuk para** change
bozulmak spoil; break down
böcek insect
bölge district
bölmek divide
bölüm department
böyle so; such
böylece thus
bu this **bu arada** meanwhile **bu gece** tonight **bu kadar** such, so **bu nedenle** so **bununla birlikte** however
buçuk half
budala fool
bugün today
bugünlerde nowadays
buğday wheat corn
buhar steam
bulmaca puzzle
bulmak find
buluşmak meet
bulut cloud
bulutlu cloudy
bulvar avenue
bunlar these
burada here
buraya here
burun nose
buz ice
buzlu icy
büro office
bütün all; whole
büyük big, large; great; elder **büyük harf** capital
büyükelçi ambassador
büyümek grow

C, c

cadde street

cam glass

canlı live

ceket coat

cennet heaven

centilmen gentleman

cep pocket

cesur brave

cetvel ruler

cevap answer, reply

cevap vermek answer, reply

ceviz nut

ceza punishment

cezalandırmak punish

cezbetmek attract

ciddi serious; severe

cinayet murder

cins kind

cömert generous

cumhuriyet republic

cümle sentence

Ç, ç

çaba effort
çabalamak struggle
çabuk fast, quickly; quick
çadır tent
çağdaş modern
çağırmak call; invite
çağrı invitation
çalgı instrument
çalı bush
çalışma work
çalışmak work; study; try
çalıştırmak operate; employ
çalmak play; steal; ring
çamur mud
çamurlu muddy
çanak bowl
çare remedy
çarşaf sheet
çarşı market
çatal fork
çatı roof; frame
çay tea: **çay kaşığı** teaspoon
çaydanlık teapot
çehre face
çek cheque
çekiç hammer
çekmece drawer
çekmek pull, draw; attract
çelik steal
çene jaw
çengel hook
çerçeve frame
çeşit type, kind, sort
çeşitli various
çeviri translation
çevirmek translate
çevirmen translator
çevrelemek enclose, surround
çevresinde around
çeyrek quarter
çıkmak rise
çiçek flower
çift double; pair
çiftçi farmer
çiftlik farm
çiğ raw
çimen grass
çirkin ugly
çit fence
çivi nail
çizgi line
çizmek draw
çocuk child
çoğul plural
çok very; a lot, many
çoktan already
çorba soup
çöl desert
çöp rubbish
çözmek settle, solve
çözüm solution
çukur hole; hollow
çünkü because

D, d

da too, also
dağ mountain
daha more; yet **daha az** less **daha çok** more: **daha iyi** better **daha kötü** worse
daima always
daire flat
dakik punctual
dakika minute
daktilo typewriter **dak- tiloyla yazmak** type
dal branch
daldırmak dip
dalga wave
dalgalı rough
dalgıç diver
dalmak dive dip
dam roof
danışma information
dans dance **dans etmek** dance
dar narrow; tight
darıltmak offend
davet invitation **davet etmek** invite
davranış behaviour, manner
davranmak behave, act, treat
davul drum
dayanıklı tough
dayı uncle
de too, also
defa time
defter notebook
değer worth, value
değerli precious
değil not
değişik different
değişiklik change
değişmek change
değiştirmek change
değiş tokuş exchange **değiş tokuş etmek** exchange
değnek stick
deli mad
delik hole
delil proof
demek say **demek istemek** mean
demin just
demir iron
demiryolu railway
denemek try
denetim control, check
deney experiment
deneyim experience
denge balance

deniz sea

denizci sailor

deprem earthquake

derece degree:

derhal immediately

deri leather; skin

derin deep

dernek club, association, society

ders lesson; course; subject

dert trouble

destek support

desteklemek support

devam etmek continue; last; attend

devir age

devlet state

dışarı out

dışarıda out

dışarıya out

dışında outside

diğer other

dikelmek stand

dikiş dikmek sew

dikkat attention; care

dikkatli careful

dikmek plant

dil language; tongue **dile getirmek** express

dilbilgisi grammar

dilek desire

dilemek wish

din religion

dinlemek listen

dinlenmek rest

dinleyici listener **dinleyiciler** audience

dinsel religious

dip bottom

direnmek resist

diş tooth

dişi female

diz knee: **diz çökmek** kneel

dizi line, row

doğa nature

doğal natural **doğal olarak** naturally

doğmak arise

doğru right, correct; true; direct, straight

doğu east

doğum birth

doktor doctor

dokunmak touch

dolandırmak cheat

dolap cupboard

dolar dollar

dolayı as

doldurmak fill

dolmakalem pen

dolu full

domates tomato

domuz pig

dondurmak freeze

donmak freeze

dost fellow

dostluk friendship

dökmek pour

dökülmek pour

döndürmek turn

dönem period, term

dönmek turn, return

dönüş return

döşeme floor

döşemek furnish

dövmek beat

dua pray **dua etmek** pray

dudak lip **dudak boyası** lipstick

dul widow, widower

duman smoke

duraksamak hesitate

durdurmak stop

durmak stop

duru clear

durum condition, position, situation, state

duş shower

duvar wall

duygu sense

duymak hear; feel

duyu sense

duyuru notice

düğme button, switch

düğüm knot

dükkân shop, store

dükkâncı shopkeeper

dümdüz straight

dün yesterday

dünya world, earth

dürüst honest

dürüstlük honesty

düş dream

düşman enemy

düşmek fall

düşünce opinion, thought, idea

düşünmek think

düşürmek drop

düz smooth, flat

düzeltmek correct

düzen order

düzenleme arrangement

düzenlemek arrange; organize; order

düzenli regular **düzenli olarak** regularly

düzey level

düzgün tidy; smooth

düzine dozen

E, e

edebiyat literature
eder cost
efendim sir
eğilim tendency
eğitmek educate
eğlence entertainment, amusement, fun
eğlendirmek amuse, entertain **ek** addition, extra
eklemek add
ekmek bread
ekran screen
eksik fault
ekşi sour
el hand **elde etmek** get **elden düşme** secondhand **ele almak** treat **eli açık** generous
elbette surely
elbise clothes
elektrik electricity
elektrikçi electrician
eleştiri review
elma apple
elmas diamond
elverişli convenient, fit, favourable
emek effort
emekli retired **emekli olmak** retire
emin sure; safe
emniyet safety
en most; width, breadth **en az** least **en çok** most **en iyi** best **en kötü** worst
endüstri industry
endüstriyel industrial
engellemek prevent
epey quite, rather
erimek melt
erişmek reach
eritmek melt
erkek man **erkek çocuk** boy **erkek kardeş** brother **erkek oyuncu** actor
erken early
ertelemek delay
ertesi next
esaret slavery
esas basic
esaslı essential
eser work
esir slave

eski old

esmek blow

esnasında while

esrar mystery

eş (kadın) wife, (erkek) husband

eşek donkey

eşit equal

et meat

etek skirt

eteklik skirt

etki effect, influence

etkilemek effect

etkili effective, influential

etmek do

etrafın(d)a round, around

ev home; house **ev hayvanı** pet **ev kadını** housewife

evet yes

evlenmek marry

evlilik marriage

evren universe

evrensel universal

eylül September

F, f

fabrika factory

fakat but

fakir poor

fakirlik poverty

fark difference **farkına varmak** notice, note; realize

farklı different

fasulye bean

faydalı useful

faydasız useless

fazla too: **fazla mesai** overtime

fındık nut

fırça brush

fırçalamak brush

fırında pişirmek bake

fırlatmak throw

fırsat opportunity, occasion

fırtına storm

fısıldamak whisper

fısıltı whisper

fiil verb

fikir opinion, ideal

fil elephant

film film

fincan cup **fincan tabağı** saucer

fiyat price

fizik physics

form form

fotoğraf photograph, photo **fotoğraf makinası** camera

fotokopi photocopy

fuar fair

futbol football

G, g

galon gallon
garaj garage
garip funny, strange
garson waiter
gaz gas
gazete newspaper, paper
gece night **gece yarısı** midnight
geciktirmek delay
geç late
geçenlerde recently
geçmek pass
geçmiş past
gelecek next
gelenek custom
gelişme development, improvement
gelişmek improve
geliştirmek improve, develop
gelmek come, arrive
gemi boat, ship
gemici sailor
genç young
gençlik youth
genel general, public
genellikle generally, usually
geniş wide, broad; large
genişlik breadth, width
gerçek true: real; truth, fact
gerçekten really, indeed
gerdanlık necklace
gerekçe reason
gerekli essential, necessary
geri back
gerisinde behind
getirmek bring
gevşek loose
geyik deer
gezi tour, trip
gezinti trip
gibi like **gibi gelmek** sound **gibi görünmek** seem
gider expense
gidiş going **gidiş bileti** single ticket
giriş entrance; introduction; admission **giriş ücreti** admission fee, admission
girmek enter
gitmek go
giydirmek dress
giyinmek dress
giymek wear
giysi clothes, dress
gizlemek hide
gizlenmek hide
gizli secret
gizlilik confidence

göğüs chest
gök sky **gök gürültüsü** thunder
gökyüzü sky
göl lake
gölcük pool
gölge shadow; shade
gömlek shirt
gömmek bury
göndermek send
göre according to
görenek custom
görev duty
görmek see
görünmek appear
görünüm view
görünüş appearance
görüş view
gösteri show, performance
göstermek show
göz eye **göz kapağı** eyelid
gözetlemek observe
gözlem observation
gözlemek observe
gözlük spectacles
grev strike
gri grey
grup group
gurur pride
gururlu proud
gücendirmek offend
güç power, strength; hard, difficult
güçlü strong, powerful
güçlükle hardly
güldürmek amuse
gülmek laugh
gülümseme smile
gülümsemek smile
gülünç funny
gülüş laugh
gümrük customs **gümrük vergisi** duty
gümüş silver
gün day
güncel current
gündüz day
güneş sun **güneş ışığı** sunshine, sunlight
güneşlenmek sunbathe
güneşli sunny
güney south; southern
günlük daily
gürültü noise
gürültülü noisy
güven trust, confidence
güvenmek trust
güvercin pigeon
güzel beautiful, good, pretty, nice, fine
güzellik beauty

H, h

haber news **haber vermek** inform
haç cross
hafıza memory
hafif light
hafta week
haftalık weekly
hakaret insult **hakaret etmek** insult
hakem judge
hakikaten indeed, really
hakiki real
hâkim judge
hakkında about
haklı right
haksız wrong
hal situation
hala aunt
hâlâ still
halat rope
halı rug
halk people
halka ring
halletmek settle, solve
ham raw
hangi which
hangisi which
hanım wife
hanımefendi lady
hapishane prison
hararet fever
harcamak spend
hareket motion, movement **hareket etmek** move, act **hareket ettirmek** move
harf letter
harika wonderful
harita map
hasar damage
hasat harvest
hasta ill, sick; patient
hastabakıcı nurse
hastalık illness; disease
hastane hospital
hat line
hata mistake
hatasız correct
hatırlamak remember
hatırlatmak remind
hatta even
hava weather; air
havaalanı airport
havlu towel
havuz pool
hayal imagination **hayal etmek** imagine **hayal kurmak** dream
hayat life

hayır no

hayli highly

hayran olmak admire

hayvan animal

hayvanat bahçesi zoo

hazır ready

hazırlamak prepare

hazırlanmak prepare

hazırlık preparation

hediye present

hemen immediately **hemen hemen** almost, nearly

hemşire nurse

hendek ditch

henüz yet

hep ever

hepsi all

her every, each **her nasılsa** somehow **her ne kadar** although **her ne zaman** whenever **her şey** everything **her yerde yere** everywhere **her zaman** always **her zamanki** usual

herhangi any **herhangi bir şey** anything **herhangi bir yer(d)e** anywhere

hesap bill; account

hesaplamak calculate

heyecan excitement

heyecanlandırmak excite

heyecanlı exciting

hırsız thief

hız speed

hızlı quick; quickly, fast

hiç any; never **hiç kimse** nobody

hiçbir no **hiçbir şey** nothing **hiçbir yer(d)e** now-here

hikâye story

hile cheat, trick

hisse share

hissetmek feel

hizmet service **hizmet etmek** serve

hizmetçi servant

hol hall

hostes air hostess

hoş nice, pretty, pleasant **hoş geldiniz** welcome

hoşlanmak like, enjoy

hoşnut content

husus point

huy temper

hüküm judgement

hükümdar ruler

hükümet government

hür free